Wissenschaftliche Plenarsitzung 1988

Regionalentwicklung im föderalen Staat

CIP-Titelaufnahme der Deutschen Bibliothek

Regionalentwicklung im föderalen Staat: Wissenschaftliche Plenarsitzung 1988 / Akad. für Raumforschung u. Landesplanung.- Hannover: ARL,1989

(Forschungs- und Sitzungsberichte /Akademie für Raumforschung und Landesplanung;
Bd. 181)
ISBN 3-88838-007-3

NE: Akademie für Raumforschung und Landesplanung (Hannover): Forschungs- und Sitzungsberichte

Best.-Nr. 007
ISBN 3-88838-007-3
ISSN 0587-2642

Alle Rechte vorbehalten - Verlag der ARL Hannover - 1989
Akademie für Raumforschung und Landesplanung Hannover
Druck: poppdruck, 3012 Langenhagen
Auslieferung
VSB-Verlagsservice Braunschweig

FORSCHUNGS- UND
SITZUNGSBERICHTE 181

Regionalentwicklung im föderalen Staat

Wissenschaftliche Plenarsitzung 1988

AKADEMIE FÜR RAUMFORSCHUNG UND LANDESPLANUNG

Verfasser

Gerard Beukema, Drs., Deputierter für Raumordnung der Provinz Groningen, Groningen, Niederlande

Werner Buchner, Dr., Professor, Ministerialdirektor, Bayerisches Staatsministerium für Landesentwicklung und Umweltfragen, München, Vizepräsident und Ordentliches Mitglied der Akademie für Raumforschung und Landesplanung

Hans-Friedrich Eckey, Dr., Professor, Gesamthochschule Kassel, Kassel, Korrespondierendes Mitglied der Akademie für Raumforschung und Landesplanung

Jens Gabbe, Dipl.-Vw., Geschäftsführer, EUREGIO, Gronau

Hans-Jürgen von der Heide, Dr., Assessor, Erster Beigeordneter, Deutscher Landkreistag, Bonn, Präsident und Ordentliches Mitglied der Akademie für Raumforschung und Landesplanung

Heinrich Hövelmann, Bürgermeister der Stadt Papenburg, Papenburg

Dietrich H. Hoppenstedt, Dr., Präsident des Niedersächsischen Sparkassen- und Giroverbandes, Hannover

Hans Kistenmacher, Dr., Professor, Universität Kaiserslautern, Kaiserslautern, Ordentliches Mitglied der Akademie für Raumforschung und Landesplanung

Jörg Maier, Dr., Professor, Universität Bayreuth, Bayreuth, Korrespondierendes Mitglied der Akademie für Raumforschung und Landesplanung

Viktor Frhr. von Malchus, Dr., Dipl.-Volkswirt, Direktor des ILS, Institut für Landes- und Stadtentwicklungsforschung des Landes Nordrhein-Westfalen, Dortmund, Ordentliches Mitglied der Akademie für Raumforschung und Landesplanung

Hans-Gottfried von Rohr, Dr., Ltd. Regierungsdirektor, Senatskanzlei der Freien und Hansestadt Hamburg, Staats- und Planungsamt, Hamburg

Hans Joachim Schalk, Dr., Professor, Universität Münster, Institut für Siedlungs- und Wohnungswesen, Münster

Jan Uhlmann, Dr., Dipl.-Volkswirt, Geschäftsführer, GEWOS Institut für Stadt-, Regional- und Wohnforschung GmbH, Hamburg

Inhaltsverzeichnis

Hans Kistenmacher	Begrüßung und Eröffnung	1
Heinrich Hövelmann	Grußworte	4

Vorträge

Hans-Friedrich Eckey	Zukünftige Erfordernisse der regionalen Strukturpolitik	7
Dietrich H. Hoppenstedt	Entwicklungsperspektiven Norddeutschlands	21
Gerard Beukema	Konzepte der Regionalentwicklung in den Niederlanden	29
Hans-Jürgen von der Heide	Vorschläge zur Entwicklung der ländlichen Regionen Ergebnisse der Europäischen Kampagne für den ländlichen Raum	43

Arbeitsgruppen — Regionale Entwicklungsperspektiven

Arbeitsgruppe Ländliche Problemräume

Jörg Maier	Einführung	46
Jan Uhlmann	Diskussionsbericht	54

Arbeitsgruppe Räume im Strukturwandel

Hans-Gottfried von Rohr	Einführung	58
Hans-Joachim Schalk	Diskussionsbericht	61

Arbeitsgruppe Grenzräume innerhalb der EG

Viktor Frhr. von Malchus	Einführung	66
Jens Grabbe	Diskussionsbericht	71

Werner Buchner	Schlußwort	74

Hans Kistenmacher

Begrüßung und Eröffnung

Sehr geehrter Herr Bürgermeister, meine Damen und Herren,

es ist mir eine besondere Freude, Sie hier in Papenburg zu unserer 27. Wissenschaftlichen Plenarsitzung willkommen heißen zu dürfen. Unter den Teilnehmern gilt mein besonderer Gruß den ausländischen Gästen, insbesondere aus unserem Nachbarland Niederlande, die durch ihre aktive Beteiligung großes Interesse an unserer Veranstaltung bekunden.

Lassen Sie mich zunächst einiges zum Anliegen und zur Thematik dieser Wissenschaftlichen Plenarsitzung sagen, die seit langer Zeit, das sei durchaus betont, wieder einmal in Niedersachsen stattfindet. Sie steht in einem bewußt gewählten Zusammenhang zu der Europäischen Woche in der Region Emsland - Grafschaft Bentheim, die vom 27. September bis heute zum Thema ''Integrierte Entwicklung ländlicher Räume'' veranstaltet wurde und an der wir ebenfalls in vielfältiger Weise mitgewirkt haben. Der Termin und der zeitliche Ablauf beider Veranstaltungen wurden daher so gewählt, daß die Möglichkeit besteht, an beiden teilzunehmen. Hinsichtlich der Standortwahl sei darauf hingewiesen, daß das nördliche Emsland mit seinem Mittelzentrum Papenburg ein besonderes Beispiel für gelungene Ansätze integrierter Regionalentwicklung darstellt. Inhaltlich greifen wir mit dieser Plenarsitzung das Thema der Emslandwoche wieder auf, indem zum einen aus dem Bereich der räumlichen Entwicklungspolitik der Schwerpunkt auf die regionale Strukturpolitik gelegt wird und zum anderen der thematische Rahmen und das räumliche Spannungsfeld über die ländlichen Räume hinaus auch auf andere Problemräume in der Bundesrepublik und auf die föderale bundesstaatliche Ordnung ausgedehnt werden.

In Verbindung mit der diesjährigen Plenarsitzung will die Akademie zugleich auch einige Schwerpunkte ihrer wissenschaftlichen Aktivitäten neu bestimmen und erste Überlegungen aus ihren Forschungsgremien zu diesen Themenbereichen zur Diskussion stellen. Zu diesen neuen Schwerpunkten zählen insbesondere die Neuordnung der regionalen Strukturpolitik und die Auswirkungen der zunehmenden Integration auf die räumliche Ordnung in Europa. Der Termin 1992 ist nun inzwischen in allen gesellschaftlichen Gruppen der Bundesrepublik als wichtiges Datum erkannt worden. Es wird sehr viel darüber geredet, aber wichtige Fragen sind nach wie vor offen, und manches ist bis heute nur Spekulation.

Doch zurück zum Thema unserer Plenarsitzung ''Regionalentwicklung im föderalen Staat''. Dieses Thema hat insbesondere zwei wichtige Facetten, die wir behandeln wollen. Die erste bezieht sich, wie bereits erwähnt, auf die Möglichkeiten und Grenzen regionaler Strukturpolitik. Die Notwendigkeit einer Neuorientierung ergibt sich insbesondere aus der wachsenden Kritik an der derzeitigen Regionalpolitik, an ihrer grundsätzlichen Konzeption, an ihren Zielen und an ihren Instrumenten. Gleichzeitig hat die Kritik zugenommen, weil sich die Rahmenbedingungen in erheblichem Maße verändern. Die ökonomische Entwicklung der Regionen läuft zunehmend auseinander, und die Effizienz der regionalen Fördermaßnahmen wird in wachsendem Maße angezweifelt. Der Finanzspielraum der Gebietskörperschaften ist enger geworden, und der Wertewandel in unserer Gesellschaft ist in Veränderung begriffen. Außerdem steht zu erwarten, daß mit der Schaffung eines gemeinsamen europäischen Binnenmarktes 1992 der damit verbundene, wachsende Einfluß der EG-Behörden auf die nationale Regionalpolitik entscheidend zunehmen wird und sie sogar weitgehend untersagt werden könnte.

Der zweite Aspekt ist die Prüfung der Vor- und Nachteile unseres föderalen Systems, insbesondere hinsichtlich seiner Eignung für den Bereich der Regionalentwicklung unter den neuen europäischen Rahmenbedingungen. Damit ist das Spannungsfeld zwischen staatlichem Gesamtinteresse und regionalem Einzelinteresse angesprochen. Hier gilt es, die Erfahrungen der letzten 40 Jahre zu diskutieren, Positives zu bewahren und zu übernehmen, anderes zu verbessern. Das bedeutet meines Erachtens auch, daß beispielsweise im Rahmen der EG den Mitgliedstaaten eine eigenständige Regionalpolitik für ihr Territorium zumindest im Grundsatz weiter zugestanden werden muß. Auch für die Ebenen von Bund, Ländern und Regionen ließen sich entsprechende Lösungen für eine neue Konzeption der Regionalpolitik denken. Allerdings sollte auch Problematisches nicht verschwiegen werden. Dazu gehört z.B. ein unkoordiniertes Verfolgen regionaler Einzelinteressen auf Kosten anderer Regionen. Es geht um die Frage, wie diese regionale Konkurrenz praktiziert wird und unter welchen Rahmenbedingungen sie künftig ablaufen kann und soll. Und alles dies, meine Damen und Herren, macht die intensive Diskussion neuer Strategien und Konzepte dringend erforderlich. Ich möchte jedoch den heutigen Referenten nicht vorgreifen und mich deshalb zunächst auf diese wenigen grundsätzlichen Anmerkungen beschränken.

Das erste Referat der Tagung, das die zukünftigen Erfordernisse der regionalen Strukturpolitik für unseren föderalen Staat behandeln wird, hat Herr Kollege Eckey übernommen. Herr Eckey ist Lehrstuhlinhaber für empirische Wirtschaftsforschung im Fachbereich Wirtschaftswissenschaften der Universität - Gesamthochschule Kassel und Ihnen sicher aus der wissenschaftlichen Literatur und aus der Fachdiskussion bekannt. Er wird sich insbesondere den konzeptionellen Fragen ausführlich widmen. Das zweite Referat, das am konkreten Beispiel Norddeutschlands die möglichen Entwicklungsperspektiven aufzeigen wird, hat dankenswerterweise Herr Dr. Hoppenstedt übernommen. Er ist Präsident des Niedersächsischen Sparkassen- und Giroverbandes und hat als solcher natürlich einen besonders guten Blick für die wirtschaftlichen Chancen und Potentiale dieser Region. Dabei wird sich sicherlich zeigen, wie auch die Untersuchungen unserer Landesarbeitsgemeinschaft Norddeutsche Bundesländer dokumentieren, daß hier im Norden durchaus Wachstumschancen und Potentiale vorhanden sind und genutzt werden können. Es kommt dabei insbesondere auf das "Wie" an. Wir wissen alle, daß gerade dieses Thema eine besondere Aktualität besitzt. Das zeigt sich insbesondere an den vielfältigen politischen Aktivitäten, öffentlichkeitswirksamen Kongressen und vielen Absichtserklärungen, die in den letzten Wochen und Monaten zu registrieren waren. Hierzu gehört auch die Diskussion um die bestimmungsgemäße Verwendung der Mittel aus dem Strukturfonds in den vier norddeutschen Ländern.

Bei diesen Überlegungen wird es für uns sicherlich hilfreich sein, wenn wir mit dem dritten Hauptreferat heute nachmittag auch einen Blick "über den Tellerrand" in die Niederlande werfen. Wir freuen uns besonders, daß uns Herr Dr. Beukema über die Konzepte der Regionalentwicklung in seinem Lande informieren wird. Herr Dr. Beukema ist Deputierter für Raumordnung der Provinz Groningen und gleichzeitig Vorsitzender der provinzialen planologischen Kommission. Vor dem Hintergrund der zunehmenden Integration Europas können beispielhafte Lösungen aus anderen Ländern und gerade eben aus den Niederlanden für uns durchaus als Vorbild oder auch als Anregung dienen. Deshalb sehen wir diesen Ausführungen mit besonderem Interesse entgegen.

Morgen vormittag werden wir das Tagungsthema in bewährter Weise im Rahmen von Arbeitsgruppen vertiefen und die Fragen der Entwicklungschancen der verschiedenen Raumtypen diskutieren. Die Gliederung der Arbeitsgruppen orientiert sich an den Raumtypen, in denen besondere Probleme gelöst werden müssen. Dazu zählen aus unserer Sicht in einer gewissen Vereinfachung, die in solchen Fällen immer nötig ist, "Die ländlichen Problemräume", das ist die Arbeitsgruppe_1; "Die Räume im Strukturwandel", das ist die Arbeitsgruppe 2 und die "Grenzräume innerhalb der EG", das ist die Arbeitsgruppe 3. Die Wahl dieser Schwerpunkte für die Diskussionen auf unserer diesjährigen Wissenschaftlichen Plenarsitzung macht auch deutlich, welche neuen Aufgaben wir bei der zukünftigen Forschungstätigkeit der Akademie sehen. Ich erwarte mir von den Vorträgen und den Diskussionen in den Arbeitsgruppen wichtige Anregungen, vor allem in bezug darauf, welche Chancen und Potentiale im Bereich der Regionalentwicklung innerhalb der Bundesrepublik genutzt werden können und was zu tun ist, um diesen Prozeß erfolgreich weiterzuführen. Dabei dürfte gleichzeitig auch deutlich werden, welche Themen dieses Aufgabenfeldes von seiten der Wissenschaft noch nicht ausreichend bearbeitet sind und deshalb gerade auch von unserer Akademie in verstärktem Maße aufgegriffen werden sollten.

Den Referenten unserer Veranstaltung sowie den Mitgliedern und Freunden der Akademie, die im Rahmen dieser Arbeitsgruppen spezifische Aufgaben übernehmen werden, möchte ich hier schon herzlich danken. In meinen Dank einschließen möchte ich auch die Damen und Herren, die uns bei der Stadtführung und bei der Exkursion am Samstag sachkundig begleiten werden, denn auch diese Aktivitäten gehören zu unserer Tagung, die wir bewußt hier im ländlichen Raum durchführen, um ihn gleichzeitig auch direkt erleben und erfassen zu können. Nicht zuletzt deshalb möchte ich besondere Worte des Dankes an die gastgebende Stadt Papenburg richten, die uns so freundlich empfangen und aufgenommen hat. Als Vertreter der Stadt begrüße ich Herrn Bürgermeister Hövelmann, der anschließend einige Grußworte an uns richten wird, sowie Herrn Stadtdirektor Schenk. Herr Bürgermeister Hövelmann, Ihre Mitarbeiter haben mit außerordentlichem Engagement die Vorbereitungen dafür getroffen, daß wir unsere Plenarsitzung hier in Ihrem Rathaus durchführen können. Auch bei der Vorbereitung und Organisation der zu dieser Tagung gehörenden Einzelveranstaltungen haben uns Ihre Mitarbeiter, insbesondere der Leiter des Amtes für Wirtschaftsförderung und Liegenschaften und des Fremdenverkehrsamtes, Herr Nehe, große Unterstützung zukommen lassen und uns viel Arbeit abgenommen. Dafür darf ich Ihnen ebenfalls herzlich danken.

Gestatten Sie mir zum Schluß meiner einführenden Worte noch einige Hinweise zum weiteren Fortgang unserer Plenarsitzung. Nach Beendigung des heutigen Tagungsprogramms haben wir Gelegenheit, unsere gastgebende Stadt Papenburg näher kennenzulernen. Um 18:00 Uhr stehen Busse hinter dem Rathaus bereit, mit denen wir unter sachkundiger Leitung von Mitarbeitern des Fremdenverkehrsamtes durch Papenburg fahren werden. Unmittelbar danach werden wir von der Stadt Papenburg zu einem Empfang geladen, der in der Diekhausschen Villa stattfinden wird. Sie befindet sich in der Nähe des Rathauses. Es ist also fußläufig alles erreichbar, und die Busse der Stadtrundfahrt werden uns direkt dort absetzen. Morgen früh werden wir hier im Ratssaal unsere Referate und Diskussionen fortsetzen. Meine Damen und Herren, ich wünsche Ihnen allen einen angenehmen Aufenthalt in Papenburg, insbesondere anregende Diskussionen und neue Eindrücke. Nun darf ich Sie, Herr Bürgermeister Hövelmann, bitten, einige Worte an uns zu richten.

Heinrich Hövelmann

Grußworte

Herr Präsident, meine sehr geehrten Damen und Herren,

zunächst darf ich Sie im Namen von Rat und Verwaltung der Stadt und auch im Namen von Herrn Stadtdirektor Dr. Schenk ganz herzlich begrüßen. Wenn ich jetzt gleich etwas länger rede, so tue ich das nicht, weil ich mich gerne reden höre, sondern um die Zeit bis zum Eintreffen von Herrn Dr. Hoppenstedt zu füllen. Er ist noch unterwegs und hat mich gebeten, etwas länger zu reden, damit er noch etwas Luft holen kann; und da es sich bei ihm um einen Präsidenten handelt, der darüber hinaus noch über sehr viel Geld verfügt, sollten wir als arme Stadt dem nachkommen.

Meine Damen und Herren, Ende der 60er Jahre sagte anläßlich der Einweihung eines Schulzentrums, dessen Fassade ganz aus eloxiertem Aluminium besteht, ein leitender Beamter der Kreisverwaltung: ''Nun haben wir endlich etwas, das auch in Berlin stehen könnte''. Hier muß man sich doch fragen: Ist das nun ein Höhepunkt oder vielmehr ein Tiefpunkt der Entwicklung Papenburgs, das als Fehnkolonie nach holländischem Vorbild gegründet wurde, etwas zu haben, das auch in Berlin stehen könnte? Ist oder war das das Ziel einer städtebaulichen Entwicklung? War es das, was Wissenschaftler, Politiker und Verwaltungsbeamte eigentlich erreichen wollten?

Ich glaube, daß man gerade am Beispiel Papenburgs deutlich machen kann und deutlich machen muß, daß eine solche Entwicklung im Grunde ein Irrweg ist. Diese Stadt wurde 1631 nach holländischem Vorbild als Fehnkolonie im Moor gegründet. Um überhaupt siedeln zu können, mußte zuerst das Moor entwässert werden. Hierzu mußten die Siedler die Kanäle mit der Hand graben. Erst danach konnte man sich überhaupt niederlassen. Dies wird deutlich in einem Papenburger Spruch, der lautet: dem ersten der Tod, dem zweiten die Not, dem dritten (erst) das Brot.

Aber schon damals gab es Städteplaner, die anläßlich einer Bereisung zum Ausdruck brachten, daß die Stadt einen ordentlichen Eindruck mache, die Unregelmäßigkeit der Bebauung aber störe. So heißt es in ihrem Bericht:''Die Unregelmäßigkeit beleidigt das Auge und wäre durch ein festes Reglement gar leicht zu verhindern gewesen.'' Gott sei Dank wußten die Siedler von diesen Ansichten wahrscheinlich nichts, sondern trieben die Kanäle ins Moor, schufen damit Lebensraum und fingen an, den abgegrabenen Torf nach Ostfriesland zu vermarkten. Für den Erlös kauften sie dort Baumaterialien. Diese Entwicklung wurde 1719 unterbrochen, da der Fürst von Ostfriesland die Einfuhr von Torf verbot. Die Ursache dieses Embargos war der Umstand, daß Papenburg immer zum Fürstbistum Münster gehörte. Zudem wurde die Entwicklung dieser Stadt mit scheelen Augen betrachtet. Doch was als Bremse gedacht, erwuchs sich als vorteilhaft, denn die Papenburger dehnten die Absatzgebiete für ihren Torf bis nach Hamburg aus, lernten dort Seeschiffbau und -fahrt kennen und begannen, in Papenburg selbst Schiffe zu bauen. In der Blütezeit der Papenburger Seeschifffahrt, in den 50er und 60er Jahren des letzten Jahrhunderts, gab es in Papenburg 24 Werften an den Kanälen, und im Register wurden bis zu 450 hier beheimatete Schiffe geführt. In einem Volkslied heißt es deshalb: '' Schien Papenburg, als ob es Hamburg wäre.''

Doch wurde in dieser Zeit auch schon der Niedergang eingeleitet, denn man versäumte es, vom Holzschiffbau auf den Eisenschiffbau und von der Segel- auf die Dampfschiffahrt umzusteigen. Und so blieb von den 24 Werften nur eine einzige übrig, die Meyer-Werft, die damals als einzige diesen Umstieg durchgeführt hat. Die Zahl der Schiffe ging schnell zurück, und während vordem rund 96% der männlichen Schulentlassenen zur See fuhren und nur etwa 4% an Land blieben, so ist das Verhältnis heute nicht einmal mehr umgekehrt.

Das zeigt also, meine Damen und Herren, daß in der Entwicklung einer Stadt tiefgreifende Einschnitte dann erfolgen können oder zwangsläufig erfolgen müssen, wenn die Bürger oder die Verantwortlichen einer Stadt die Entscheidungen, die notwendig sind - aus welchen Gründen auch immer -, nicht treffen.

Die Folgen dessen werden gerade in Papenburg deutlich. Denn mit dem Niedergang der Schiffahrt setzte nicht nur ein wirtschaftlicher Rückgang ein, sondern es breitete sich eine innere Depression aus. Das Denken und Handeln war bislang nur auf das Meer ausgerichtet, welches nun in unerreichbare Ferne rückte. Identifizierte man sich vordem im maritimen Umfeld, so fiel jetzt die Identifikation im veränderten Umfeld schwer.

Die Einstellung der Bürger zu ihrer Stadt war geprägt von Gleichgültigkeit und Resignation, etwa nach dem Motto: Hier ist nichts, hier wird nichts und kann eigentlich auch nichts werden. Diese Einstellung führte zwangsläufig dazu, daß die Kanäle eingeengt, verrohrt oder gar zugeschüttet wurden, da sie an die Armut, die schwere Arbeit im Moor und an den Rückstand erinnerten. Das gleiche Schicksal ereilte die bäuerlich geprägte Baustruktur. Im gleichen Zuge orientierte man sich nach außen und suchte krampfhaft nach Anschluß an das, was überregional anerkannt oder, um es anders auszudrücken, modern war oder was man dafür hielt. So ist der Stolz zu erklären, der bei der Einweihung des Schulzentrums deutlich wurde. Beabsichtigt war die Anerkennung von außen.

Von dieser inneren Depression hat sich die Stadt eigentlich über Jahre oder Jahrzehnte nicht erholt. Deshalb war es neben der äußeren Stadtgestaltung die eigentlich wichtigere Aufgabe, die Haltung der Bürger zu ihrer Stadt zu verbessern. Und wenn wir es geschafft haben, unsere Stadtstruktur zu verbessern, so haben wir das bewußt getan, damit die Bürger wieder stolz auf ihre Stadt werden konnten. Und dabei, meine Damen und Herren, erinnere ich noch einmal an die Worte des Baurates, nun etwas zu haben, das auch in Berlin stehen könne. Dabei muß man sich nun aber fragen: Ist solch ein Bau geeignet, die Identifikation mit der Stadt und das Selbstbewußtsein zu stärken, oder ist solch eine Haltung, eine solche Planung nicht genau das Gegenteil dessen?

Daher, meine Damen und Herren, kommen auf Raumforschung, Raumordnung und Regionalplanung sicherlich neue Aufgaben zu, denn wenn wir das Land oder die Regionen nach einem einheitlichen Maß, nach einem einheitlichen Rasterbild planen, dann geht es uns wie dem Frisör. Dieser bot eine automatische Maniküre an, und auf den Hinweis seiner Kunden, daß doch alle unterschiedlich lange Finger hätten, antwortete er lapidar: ''Aber nur vor der Behandlung.'' Darin liegt meiner Ansicht nach die Gefahr. Vielmehr müssen wir Regionalplanung so betreiben, daß die regionalen Kräfte aktiviert werden. Dadurch erhalten die verschiedenen Regionen ihr eigenes Gesicht, und die Bürger fühlen sich wohl.

Neben der äußeren Planung, neben der inhaltlichen Diskussion muß gleichzeitig die Motivation und das Umdenken der Bürger geschehen. Ich glaube, daß dies in den letzten Jahren und Jahrzehnten etwas vernachlässigt worden ist. Deshalb stehen einige Politiker eigentlich fassungslos vor der Situation, daß in einigen Regionen, in die große Summen geflossen sind, die erwarteten Erfolge ausgeblieben sind.

Deshalb ist es das vorrangige Ziel in Papenburg, die Identifikation der Bürger mit ihrer Stadt und das Engagement für die Stadt und den Raum zu stärken, weil wir überzeugt sind, daß es Erfolge nur dann gibt, wenn Bürger, Rat und Verwaltung und die übergeordneten Stellen die Aufgaben engagiert anpacken.

Wichtige Aufgaben, die gelöst werden müssen, sind die Fragen der weiteren Entwicklung oder des qualitativen Wachstums, ist die Frage nach dem Umgang mit der Natur und die Frage nach dem Verhältnis zu Ländern, die weniger bemittelt sind als unseres. Und wir hoffen auf diese Fragen in der neuen Historisch-Ökologischen Bildungsstätte, in der Von-Velen-Anlage und auf dem Landschaftspflege- und Recyclinghof Ansätze zur Lösung geben zu können.

Wir freuen uns, daß Sie Ihre Tagung hier in Papenburg durchführen, und da ich glaube, daß der Herr Präsident jetzt genug Luft geschnappt hat, kann ich jetzt zum Ende kommen, und ich möchte das mit einem Papenburger Chronisten tun, der gesagt hat: "Vöran mit Maut und Gottsvertrauun, sall unse Losung sien."

Hans-Friedrich Eckey

Zukünftige Erfordernisse der regionalen Strukturpolitik

A. Einleitung: Einführung in das Thema

Befaßt man sich mit den Erfordernissen der regionalen Strukturpolitik in einem föderalen Staat, so ist wegen der unterschiedlichen Handhabung des Begriffs zunächst abzuklären, was unter regionaler Strukturpolitik verstanden werden soll. In der von mir im folgenden zugrunde gelegten Definition gehören zu ihr alle jene Maßnahmen, die darauf abzielen, die räumliche Struktur einer Volkswirtschaft anders zu gestalten, als sie sich aufgrund des marktwirtschaftlichen Prozesses ergeben hätte. Regionalpolitik, im folgenden als synonymer Begriff zur regionalen Strukturpolitik gebracht, besteht also in einer bewußten Beeinflussung der relativen Bedeutung von Regionen innerhalb einer Volkswirtschaft. Sie wird immer dann zur Notwendigkeit, wenn die räumliche Verteilung der wirtschaftlichen Aktivitäten einer Volkswirtschaft nicht den gesellschaftlichen Vorstellungen entspricht. Die räumliche Leitvorstellung besteht dabei vor allem im Konvergenzziel, d.h. der Angleichung des Entwicklungszustandes von Regionen.

Zu einem föderal aufgebauten Staatswesen wie der Bundesrepublik Deutschland, das durch eine Vielzahl von autonomen Entscheidungsträgern auf unterschiedlichen hierarchischen Ebenen charakterisiert ist, ergibt sich zwangsläufig die Frage, bei welchem Träger die Kompetenz für regionale Strukturpolitik angesiedelt werden soll. Unterschiedlichste Modelle sind denkbar und begründbar:

- Die Kompetenz liegt auf einer Ebene, etwa beim Bund oder bei den Ländern; oder

- die Kompetenz liegt auf unterschiedlichen Ebenen, die die Aktivitäten dann koordinieren und abstimmen müssen; oder

- die Kompetenz ist in den hierarchischen Aufbau des Staates eingebunden. Der Bund hat danach für die Konvergenz zwischen den Ländern, die Länder haben für Konvergenz zwischen den Regionen und die Regionen für Konvergenz zwischen den Gebietskörperschaften zu sorgen.

Zur optimalen Aufgabenverteilung in einem föderalistischen System existiert eine umfangreiche Literatur. Beispielhaft sei hier auf Arbeiten von Oates[1][*] hingewiesen, der sich auf die auf Musgrave[2] zurückgehende "multiple Theorie des öffentlichen Haushaltes" stützt und Stabilisierungs-, Distributions- und Allokationsziele unterscheidet. Oates` Argumentation läuft kurzgefaßt darauf hinaus, Stabilisierung und Distribution auf zentraler Ebene (d.h. im wesentlichen auf Bundesebene) anzusiedeln und die Allokationsfunktion (d.h. die Versorgung der Bürger mit

---

[*] Die Anmerkungen befinden sich auf S. 19 f.

öffentlichen Gütern und Dienstleistungen) dezentral (d.h. im wesentlichen auf kommunaler Ebene) zu organisieren. Er stützt seine Argumentation damit, daß konjunkturelle Störungen i.d.R. die gesamte Volkswirtschaft betreffen. Auch die Korrektur der Verteilung von Einkommen und Vermögen ist seiner Meinung nach eine zentral zu lösende Aufgabe; würde nämlich die steuerliche Belastung stark zwischen den Wirtschaftsräumen streuen, so käme es zu unerwünschten interregionalen Wanderungen. Über das optimale Angebot an öffentlichen Gütern soll dagegen dezentral im Rahmen des Wettbewerbes zwischen Regionen entschieden werden[3].

Wo ist innerhalb dieses Rahmens die regionale Strukturpolitik anzusiedeln? Sie besteht in der Bundesrepublik Deutschland aus einer breiten Palette an Maßnahmen, die unmöglich im folgenden Referat umfassend dargestellt werden können. Es erfolgt vielmehr eine Konzentration auf die Gemeinschaftsaufgabe ''Verbesserung der regionalen Wirtschaftsstruktur'' (GRW) als dem bundesweit gültigen Programm der regionalen Strukturpolitik. Sie beruht auf einem Organisationsmodell, das dem Bund auf der einen und den Ländern auf der anderen Seite gleiches Gewicht zubilligt und in dem für Beschlüsse eine 3/4-Mehrheit erforderlich ist. Die Stellung und Autonomie der Gebietskörperschaften in diesem Konzept ist umstritten. Die kommunalen Spitzenverbände sehen den Handlungsspielraum der Gebietskörperschaften durch die GRW nicht eingeschränkt; sie begründen ihre Auffassung mit der Allzuständigkeit der Gemeinden nach Art. 28 (2) des GG, wenn gesetzliche Regelungen dem nicht ausdrücklich entgegenstehen. Dagegen verweisen der Planungsausschuß der GRW und die Innenministerkonferenz auf das Prinzip der Bundes- und Landestreue und fordern die Gemeinden auf, alle Maßnahmen zu unterlassen, die der staatlichen regionalen Strukturpolitik widersprechen[4].

Vor dem Hintergrund realisierter und erkennbarer regionaler Entwicklungen ergibt sich die Frage, ob regionale Strukturpolitik wie bisher - also im gleichen Organisationsmodell und mit im Prinzip gleichen Methoden und Instrumenten - fortgesetzt werden soll. Dabei ergeben sich neue Erfordernisse für die regionale Strukturpolitik, wenn

- andere Ziele als bisher angestrebt werden

- oder andere Informationen als bisher zur Verfügung stehen

- oder neue verbesserte Theorien das Ergreifen anderer Instrumente oder Or-ganisationsmodelle nahelegen

- oder veränderte Rahmenbedingungen für die Politik zu erwarten sind.

Mit dieser Aufzählung ist die Gliederung für mein folgendes Referat bereits weitgehend vorgegeben. Ich möchte zunächst auf bereits eingetretene oder absehbare veränderte Entwicklungsbedingungen hinweisen, die eine Anpassung der regionalen Strukturpolitik nahelegen. Anschließend möchte ich auf solche möglichen Neukonzeptionen eingehen. Dabei werde ich zunächst versuchen, Standpunkte der Literatur zu sammeln und gegenüberzustellen. Im Schlußkapitel werde ich dann zu einer Bewertung und Gesamtbeurteilung der Probleme kommen und daraus erste Vorschläge zur Neuorientierung der regionalen Strukturpolitik ableiten.

Hauptteil

I. Erkennbare, für die regionale Strukturpolitik relevante Entwicklungstendenzen

1. Anwachsen der regionalen Disparitäten

Beginnen möchte ich mit den erkennbaren, für die regionale Strukturpolitik relevanten Entwicklungstendenzen.

Es ist zu vermuten, daß die großräumigen Entwicklungsunterschiede in der Bundesrepublik Deutschland in bezug auf den Wohlstand und die wirtschaftliche Leistungsfähigkeit in Zukunft eher zu- als abnehmen werden. Bei der räumlichen Verteilung des wirtschaftlichen Wachstums ist in Zukunft mit einer weiteren Stärkung der attraktiven Verdichtungsräume und der Regionen mit Verdichtungsansätzen zu rechnen, während periphere ländliche Räume und alte Industriegebiete weiter zurückfallen dürften. Diese Hypothese läßt sich vielfach begründen:

- Güter, deren Nachfrage mit steigendem Einkommen überproportional anwächst (Einkommenselastizität größer als 1), wie Luxusgüter und langfristige Konsumgüter werden vor allem in den Verdichtungsgebieten produziert, während Güter mit Einkommenselastizitäten von kleiner als 1 (Bekleidung, Nahrungs- und Genußmittel) vor allem in ländlichen Räumen und alten Industriegebieten hergestellt werden.

- Verstärkt werden die daraus ableitbaren Entwicklungstendenzen durch die außenwirtschaftlichen Beziehungen, die auch in Zukunft weiter an Intensität zunehmen werden; dies gilt vor allem im Hinblick auf den gemeinsamen Markt ab 1992. Durch steigende Importe werden vor allem traditionelle Güter verdrängt, während neue, innovative Produkte durch einen Exportüberschuß profitieren. Aufgrund der Stellung der Regionen im Produktlebenszyklus eines Gutes ist auch aus diesem Grund davon auszugehen, daß die Verdichtungsräume vom zukünftigen wirtschaftlichen Wachstum überproportional profitieren.

- Bei der räumlichen Bestimmung unternehmerischer Investitionen findet im Zeitablauf offensichtlich eine Umgewichtung der Standortfaktoren statt. Um diese Umgewichtung deutlich machen zu können, soll grob zwischen "harten" und "weichen" Standortfaktoren unterschieden werden. Zu den "harten" Standortfaktoren gehören solche, die die Produktionsrentabilität beeinflussen und für die Einzelunternehmung fühlbar sind, während sich die "weichen" Standortfaktoren eher auf die Lebenssituation in einer Region beziehen und mehr in einem angenehmen atmosphärischen Umfeld liegen. Zu den "harten" Standortfaktoren zählen die klassischen Faktoren wie Flächenverfügbarkeit, Kosten für Energie, Roh-, Hilfs- und Betriebsstoffe, steuerliche Belastung, Güte der Verkehrsinfrastruktur usw., während die "weichen" Standortfaktoren die Wohn-, Freizeit- und Umweltsituation in einer Region, die Versorgung mit zentralörtlichen Gütern und Dienstleistungen, das Schul-, Hochschul- und kulturelle Angebot, die Beratung durch kommunale und regionale Stellen, das wirtschaftsfreundliche Klima usw. umfassen. Allgemein wird eine immer stärkere Relevanz der weichen zu Lasten der harten Standortfaktoren unterstellt. Die neuen, wichtiger werdenden Standortfaktoren sind häufig in den attraktiven Verdichtungsräumen überrepräsentiert, während die alten Standortfaktoren in den peripheren ländlichen Räumen und vor allem in den alten Industriegebieten überwiegen.

- Ob ländliche Räume durch ein verstärktes Angebot im wachsenden Freizeitbereich sowie in der Altenpflege diesen Trend kompensieren können, ist mehr als fraglich, da der Urlaub in Deutschland immer mehr durch Auslandsreisen substituiert wird.

Auf der anderen Seite werden die gegensteuernden Effekte, von denen in der Vergangenheit vor allem die peripheren ländlichen Räume profitiert haben, geringer:

- Weil in den Ballungsgebieten besonders wenig Jugendliche in das Erwerbsleben nachwachsen, erhält die Attraktivität ihrer Arbeitsmärkte zusätzlichen Auftrieb. Die zu Zeiten der Hochkonjunktur in den 60er und Anfang der 70er Jahre wirksamen Verdrängungseffekte aufgrund einer Überballung werden durch Sogeffekte abgelöst.

- Bei rückgehender Bevölkerung verlieren Umwelt- und Flächenengpässe, die in der Vergangenheit eher für den ländlichen Raum sprachen, an Gewicht.

- Sektorale Subventionen sind in der Vergangenheit vor allem in den ländlichen Raum und alte Industriegebiete geflossen. Ein wachsendes Volumen wird hier in Zukunft nicht mehr zur Verfügung stehen, wie bereits im Agrarbereich absehbar ist. Hierdurch wird es in diesen beiden Raumkategorien zu einem weiteren Abbau von Arbeitsplätzen kommen.

2. Geringere Möglichkeiten der regionalen Strukturpolitik

Den zunehmenden regionalen Disparitäten stehen auf der anderen Seite eingeschränkte Möglichkeiten der regionalen Strukturpolitik gegenüber:

- Niveau- und Struktureffekte in einer Volkswirtschaft sind nicht unabhängig voneinander. Regionale Strukturpolitik ist besonders effizient bei Vollbeschäftigung. Bei Unterbeschäftigung steht nur ein sehr begrenztes interregionales Verlagerungspotential zur Verfügung. Wie eine - leider nicht über das Jahr 1982 hinausgeführte - Statistik der Bundesanstalt für Arbeit zeigt, wurden Anfang der 60er Jahre noch mehr als 50.000 Arbeitsplätze interregional umverlagert, während es Anfang der 80er Jahre weniger als 10.000 waren. Daher muß eine mobilitätsorientierte Regionalpolitik, die auf eine räumliche Verlagerung von Industrieunternehmen abzielt, weitgehend ins Leere stoßen. Nicht mehr die Anwerbung bereits in anderen Regionen produzierender, sondern die Bestandspflege in einer Region bereits ansässiger Betriebe rückt in den Mittelpunkt der Regionalpolitik. Verbunden damit ist eine Renaissance des Mittelstandes. Wie etwa Untersuchungen von Birch[5] zeigen, lassen sich regionale Unterschiede bei der Arbeitsplatzentwicklung vor allem durch die unterschiedliche Anzahl von Unternehmensneugründungen erklären.

- Mit geringer gewordenen gesamtwirtschaftlichen Wachstumsraten ist auch eine zunehmende Enge in öffentlichen Haushalten aller Ebenen verbunden, von der die regionale Strukturpolitik nicht unbeeinflußt bleiben kann. Besonders deutlich werden diese Auswirkungen vor dem Hintergrund der für 1990 vorgesehenen Steuerreform. Hierbei soll die Regionalförderung über das Investitionszulagengesetz vollständig gestrichen, die Mittel der Gemeinschaftsaufgabe für Investitionszuschüsse dafür um 500 Mio. DM aufgestockt werden. "Die geplante Umstrukturierung der Gemeinschaftsaufgabe kann die Manövriermasse der Regionalförderung keineswegs auf dem alten Stand halten. Geht man von einer durchschnittlichen Zulagensumme von ca. 785 Mio. DM aus - das ist der Durchschnitt der Jahre 1981 bis 1987 - und berücksichtigt man, daß durch die Versteuerung des Zuschusses wieder 60 % an die öffentlichen Haushalte zurückfließen, so nimmt das effektive jährliche Mittelvolumen der Regionalförderung um ca. 490 Mio. DM ab"[6]. Damit setzt sich der zurückgehende Anteil der Regionalförderung an der Gesamtmenge aller Subventionen, der bereits in den letzten Jahren beobachtet werden konnte, verstärkt fort.

- Verbunden ist mit dieser Umgewichtung der Subventionen eine zunehmende Konterkarierung der regionalen Strukturpolitik durch andere Politikbereiche. Angeführt seien beispielhaft die Tech- nologiepolitik, die sich in der räumlichen Verteilung fast komplementär zur regionalen Strukturpolitik darstellt und der ein vielfaches Mittelvolumen zur Verfügung steht, und die Agrarpolitik, die bei Sparmaßnahmen den peripheren ländlichen Raum trifft.

- "Wesentliche Einschnitte in die Möglichkeiten der Regionalpolitik werden zudem aus der Richtung der EG zu erwarten sein. Mit dem Errichten des gemeinsamen europäischen Marktes werden gerade im Bereich der Strukturpolitik, insbesondere jedoch in der Regionalpolitik erhebliche Veränderungen eintreten. Gemäß der Einheitlichen Europäischen Akte wird dann regionale Strukturpolitik in den Mitgliedsstaaten im wesentlichen über die Strukturpolitik der EG (EFRE) zulässig sein. Für die Regionalpolitik bedeutet das, daß regionale Fördermittel nur noch aus dem entsprechenden Regionalfonds der EG finanziert werden können, wenn diese zu Gebieten regionaler Förderung nach EG-Kriterien gehören. Dabei unterliegen diese der Prüfung durch die EG-Behörden, wobei dann davon auszugehen ist, daß unter Zugrundelegung von EG-weiten Förderkriterien die Bundesrepublik kaum Fördergebiete aufweisen wird. Die Länderquote der BRD wird demnach 1992 möglicherweise bis auf Null zurückgestellt werden. Zudem ist zu erwarten, daß regionale Fördermaßnahmen der Länder, eventuell auch der Kommunen, von der EG im Rahmen ihres Prüfungsauftrages nach Artikel 93 des EWG-Vertrages wegen Wettbewerbsverzerrung untersagt werden"[7].

- Die schrumpfenden Möglichkeiten der Regionalpolitik stoßen auf eine schwieriger werdende Problemlage. Während in den 50er und Anfang der 60er Jahre Regionalprobleme noch weitgehend über das Stadt-Land-Gefälle definiert werden konnten, strukturschwache Regionen also vor allem periphere ländliche Räume waren, treten in den letzten Jahren andere Problemgebiete verstärkt in den Vordergrund. Schlagworte wie das Nord-Süd-Gefälle, die Erosion alter Industriegebiete usw. verdeutlichen diesen Sachverhalt. Hieraus wird in der Literatur häufig abgeleitet, daß die regionale Strukturpolitik sich von nur einem einzigen Instrument (den Kapitalsubventionen), das auf alle Problemregionen in gleicher Weise Anwendung findet, abzuwenden habe und mehr den regionalspezifischen Engpässen Rechnung tragen müsse. Flächenengpässe in alten Industriegebieten können nach dieser Auffassung nicht mit dem gleichen Instrumentarium beseitigt werden wie etwa Bildungsengpässe im peripheren ländlichen Raum.

Diese erkennbaren Entwicklungstendenzen machen das Problem der regionalen Strukturpolitik deutlich: Sie gerät in einen schärfer werdenden Konflikt zwischen zunehmenden Erfordernissen auf der einen und abnehmenden Möglichkeiten auf der anderen Seite.

II. Politische Konsequenzen

1. Grundsätzliche Beibehaltung der bisher betriebenen regionalen Strukturpolitik

1.1 Empirische Überprüfung der Wirksamkeit der Gemeinschaftsaufgabe "Verbesserung der regionalen Wirtschaftsstruktur" (GRW)

Diesem Konflikt kann alternativ Rechnung getragen werden: Die erste Möglichkeit besteht in einer grundsätzlichen Beibehaltung der Gemeinschaftsaufgabe "Verbesserung der regionalen Wirtschaftsstruktur" und der Anpassung an die veränderten Verhältnisse, die zweite Möglichkeit in einer grundsätzlichen Neukonzeption der regionalen Strukturpolitik. Für beide Auffassungen gibt es in Wissenschaft und Politik hinreichend Belege.

Die Verfechter der grundsätzlichen Beibehaltung der regionalen Strukturpolitik, wenn auch in geänderter und angepaßter Form, gründen ihre Auffassung auf durchgeführte Erfolgskontrollen[8]. Zielerreichungskontrollen zeigen, daß sich die Indikatoren der Gemeinschaftsaufgabe

- Bruttowertschöpfung
- Bruttoentgelt der abhängig Beschäftigten
- und die Arbeitslosenquote

in den Fördergebieten günstiger als in den Nicht-Fördergebieten entwickelt haben. Eine gleiche Bewertung läßt sich aus den Wanderungsbilanzen der Wirtschaftsräume ablesen; die Wanderungssalden zwischen den Regionen sind im Zeitablauf geringer geworden, woraus sich ein erheblicher Schritt in Richtung auf die Gleichwertigkeit der Lebensverhältnisse in den Räumen der Bundesrepublik Deutschland ablesen läßt.

Auch Wirkungskontrollen unterstützen nach Ansicht der Verfechter der GRW diese Aussage. So kommen Asmacher, Schalk und Thoss[9] aufgrund eines ökonometrischen Modells zu folgender Aussage:

- "Mit Hilfe der Regionalförderung wurden im betrachteten Zeitraum rd. 2 Mrd. DM jährlich an zusätzlichen Investitionen induziert. Unsere Ergebnisse widerlegen die Behauptung, die Regionalförderung würde lediglich "mitgenommen". Pro DM Förderung wurde ein doppelt so hoher Betrag an zusätzlichen privaten Investitionen induziert. Das bedeutet, daß jede Mio. DM an Förderung, die durchschnittlich pro Jahr im Untersuchungszeitraum gezahlt wurde, zu zusätzlichen Investitionen von zwei Mio. DM jährlich geführt hat. Dabei handelt es sich um zusätzliche Investitionen, die ohne Förderung nicht getätigt worden wären, wobei die Investoren jeweils eine Mio. DM (50 v. H.) der Investitionssumme selbst beigetragen haben. Die Regionalförderung hat sich somit als sehr wirksam in bezug auf die private Investitionstätigkeit im betrachteten Zeitraum erwiesen.

- Kurzfristig wirkt die Regionalförderung infolge der entstehenden relativen Kostenvorteile beim Faktor Kapital, die eine Substitution von Arbeit durch Kapital und den Übergang zu kapitalintensiven Produktionsverfahren vorteilhaft machen, ceteris paribus zwar beschäftigungsmindernd, langfristig geht von ihr jedoch eine eindeutige positive Wirkung auf die Beschäftigung aus. Im Durchschnitt der Jahre 1978 - 1982 betrug die Beschäftigungswirkung der Regionalförderung 28 Tsd. zusätzlich Beschäftigte pro Jahr. Die durchschnittliche jährliche Abnahmerate der Beschäftigung hatte im Zeitraum 1977 - 1982 in den Förderkreisen - 0,5 v.H. betragen, in den Nichtförderkreisen - 1,2 v.H. Ohne Regionalförderung hätte die Rate nach unseren Berechnungen in den Förderkreisen - 1,7 v.H. betragen.''

1.2 Weiterentwicklungen

Trotz dieser Erfolge wird die Notwendigkeit einer Weiterentwicklung und Anpassung an geänderte Rahmenbedingungen auch von den Befürwortern der Beibehaltung der GRW durchaus gesehen und akzeptiert. Diese Weiterentwicklungen beziehen sich zum einen auf die Bestimmung der Fördergebiete und zum anderen auf das einzusetzende Entwicklungsinstrumentarium.

In bezug auf die Bestimmung der Förderregionen wird allgemein akzeptiert, daß die der Gemeinschaftsaufgabe zugrundegelegte Einteilung der Bundesrepublik in regionale Arbeitsmärkte, gewonnen aus einer Zusammenfassung von Arbeitsmarktzentrum und Umland aufgrund des Pendlerkriteriums, problemadäquat ist. Kritik wird daher weniger an der grundsätzlichen Konzeption als an der konkreten Abgrenzung der regionalen Arbeitsmärkte laut. Sie äußert sich vor allem in zwei Punkten:

- Die im Augenblick der Gemeinschaftsaufgabe zugrundeliegenden regionalen Arbeitsmärkte weichen teilweise stark von den wirklichen Funktionalbeziehungen im Raum ab mit der Folge, daß viele Wirtschaftsräume nur deshalb Fördergebiete sind, weil sie falsch abgegrenzt wurden, und nicht, weil sie strukturschwach sind.

- Regionale Arbeitsmärkte sind nicht unabhängig voneinander, sondern haben einen hierarchischen Aufbau. Ausgehend von der Theorie des dualen Arbeitsmarktes müßten wenigstens zwei Hierarchiestufen unterschieden werden[10].

Auch an den Förderindikatoren der Gemeinschaftsaufgabe Bruttowertschöpfung, Einkommen, Infrastruktur und Arbeitslosigkeit wird Kritik geübt. Vor allem unterschiedliche Preisniveaus und die divergierende räumliche Verteilung der Schattenwirtschaft lassen Zweifel an der richtigen Auswahl der Förderindikatoren aufkommen. So ist etwa Mieth[11] der Auffassung, daß das Beschäftigungswachstum und der Wanderungssaldo der Personen im erwerbsfähigen Alter sehr viel bessere Indikatoren für den wirtschaftlichen Entwicklungsstand einer Region darstellen als die im Augenblick benutzten Indikatoren. Dies deshalb, weil sie auf der Angebots- und Nachfrageseite umfassend die Attraktivität bezüglich der Lebens- und Arbeitsbedingungen einer Region widerspiegeln.

Die Mehrzahl der Vorschläge zur Weiterentwicklung der Gemeinschaftsaufgabe bezieht sich allerdings auf das einzusetzende Förderinstrumentarium. Hier sind die Vorschläge so umfangreich, daß sie nicht im einzelnen erläutert, sondern nur aufgelistet werden können. Beispielhaft seien angeführt[12]:

- Deutliche Verkleinerung der Förderkulisse auf wenige echte Problemregionen.

- Umstellung der Basisförderung weg von der Investitionszulage hin zu zinsverbilligten Investitionskrediten.

- Wegfall des Primäreffekt-Kriteriums und damit auch Förderung des Dienstleistungsbereiches.

- Wegfall des Schwerpunktort-Kriteriums und Übergang zur Flächenförderung.

- Verstärkte Förderung von technischen und organisatorischen Innovationen.

- Verstärkte Förderung von Aus- und Weiterbildung.

- Förderung der zukunftsträchtigen infrastrukturellen Voraussetzungen wie etwa neue Informations- und Kommunikationstechnologien.

- Grundlegende Umwandlung der Regionalpolitik von einer kapital- zu einer arbeitsorientierten Politik.

- Ersatz der einzelfallbezogenen Investitionssubventionierung durch indirekte, generelle Investitionserleichterungen.

- Ergänzung der Kapitalorientierung durch die Einbeziehung des Faktors Arbeit beispielsweise über Lohnsubventionen, Mobilitätshilfen für Arbeitnehmer oder auch direkte Einkommenssubventionen.

- Herausnahme des Fördertatbestandes der Umstrukturierung und der grundlegenden Rationalisierung.

- Geringere notwendige Mehrheit in den Entscheidungsgremien der Gemeinschaftsaufgabe, um Anpassungen an veränderte Situationen leichter durchführen zu können.

2. Grundsätzliche Neukonzeption

2.1 Unwirksamkeit und Schädlichkeit der GRW

Kritiker der bisher betriebenen regionalen Strukturpolitik halten die meisten dieser Vorschläge eher für "kosmetische Operationen", die an der grundsätzlichen Fehlkonstruktion nichts ändern. Diese Ablehnung fußt auf einer ordnungspolitisch begründeten Argumentation und erheblichen Zweifeln an den bisher durchgeführten Erfolgskontrollen.

Zunächst zur ordnungspolitischen Argumentation; Wirtschaftsräume stehen in einem interregionalen Wettbewerbsprozeß, in dem sie nur dann bestehen können, wenn sie am Markt nachgefragte Güter und Dienstleistungen zu akzeptablen Preisen und in hinreichender Qualität anbieten. Sie werden sich dabei vernünftigerweise auf die Herstellung von solchen Produkten konzentrieren, bei denen sie komparative Wettbewerbsvorteile besitzen. Diese sind für die Region um so größer, je besser die in einem Wirtschaftsraum vorhandenen Standortbedingungen mit den Erfordernissen bei der Produktion des betreffenden Gutes übereinstimmen. Dabei ist Wettbewerb kein statisches Phänomen, sondern hat einen ausgeprägt dynamischen Charakter. Bisher dominante Regionen verlieren an Bedeutung, während zurückstehende Regionen im gesamtwirtschaftlichen Wachstumsprozeß nach vorne drängen können. In Analogie zum Wettbewerb zwischen Unternehmen ist es sinnvoll, auch regionalökonomische Entwicklungsprozesse wettbewerbstheoretisch zu analysieren. Wirtschaftliche Entwicklung gründet sich dabei nach von Hayek und Schumpeter auf einem Such- und Entdeckungsverfahren; nur dann, wenn innovative und imitative Kräfte unbehindert zur Entfaltung kommen, wird das zur Verfügung stehende Wachstumspotential ausgeschöpft.

Erfolgreicher wirtschaftlicher Strukturwandel in Regionen vollzieht sich danach nicht über staatliche Transferzahlungen, sondern über den Wunsch und das Wollen der in einer Region ansässigen Menschen, diesen Strukturwandel erfolgreich zu bewältigen. Es muß in der Region ein Interesse daran bestehen, Standortvorteile aus- und Standortnachteile abzubauen. "Eine zentral koordinierte, interventionistische Regionalpolitik scheitert daran, daß es nicht möglich ist, jene Engpaßfaktoren, welche die regionalen Entwicklungsmöglichkeiten beschränken, konkret zu identifizieren und durch staatliche Eingriffe gezielt zu beseitigen. Sie kann den Wettbewerb als Entdeckungsverfahren nicht nur nicht ersetzen, sondern wirkt ihm durch ihre regionale und instrumentelle Selektivität sogar entgegen"[13].

Da für Wachstum und Strukturwandel in Regionen nicht der Zufluß von Subventionen entscheidend ist, sondern daß sich Unternehmer, Arbeitnehmer und die lokalen Behörden den Marktgegebenheiten entsprechend verhalten, können regionale Förderprogramme sogar mehr schaden als nützen. "Dies ist der Fall, wenn regionale Entscheidungsträger und private Wirtschaftssubjekte meinen, sie könnten aufgrund von Fördermaßnahmen auf eigene Anstrengungen verzichten, notwendige Anpassungsmaßnahmen vorzunehmen (Moral-Hazard-Problematik). Soweit durch die Regionalförderung Umstrukturierungsprozesse induziert werden, sind es darüber hinaus möglicherweise nicht diejenigen, die den Erfordernissen des Strukturwandels entsprechen. Z.B. kann nicht ausgeschlossen werden, daß durch einzelne Selektivitätskriterien der praktizierten Regionalpolitik (Exportbasiskriterium, Schwerpunktprinzip, Sachkapitalorientierung) regionale Wachstumschancen vergeben werden"[14].

Diese Auffassung, daß regionale wie auch andere Subventionen einen Attentismus begünstigen und damit die Eigeninitiative der Betroffenen mindern, findet sich in einer Reihe von politischen und wissenschaftlichen Äußerungen. Beispielhaft seien zwei Zitate von Guntram Palm, dem Finanzminister von Baden-Württemberg, und Georg Rüther von der Universität Bayreuth angeführt.

"Es kann nicht alles wie fixiert nach Baden-Württemberg schauen und an unser Geld wollen. Vor zehn Jahren haben uns die antragstellenden Länder noch gute Ratschläge gegeben, heute nehmen sie unser Geld. Sie haben es unter anderem eben auch versäumt, notwendige strukturelle Anpassungen in Industrie und Wirtschaft rechtzeitig vorzunehmen"[15].

Und Rüther führt am Beispiel Bremens aus:

"Die entscheidenden Ursachen für die ökonomischen Probleme liegen nicht darin, daß Bremen eine "falsche" Wirtschaftsstruktur aufweist ... Vielmehr muß eine Reihe von staatlichen Interventionen für eine Verschärfung des Problemdrucks verantwortlich gemacht werden. So wirken sich beispielsweise die ordnungspolitischen Rahmenbedingungen ... negativ auf die ökonomische Entwicklung Bremens aus. Vor allem aber waren Fehler der bremischen Wirtschaftspolitik dafür verantwortlich, daß neue, positive Ansätze behindert bzw. gar verhindert wurden. Hierzu trugen nicht nur unmittelbar wirtschaftspolitische Maßnahmen - etwa in der Gewerbeansiedlungspolitik -, sondern auch Elemente der allgemeinen Gesellschaftspolitik bei"[16].

Neben die ordnungspolitischen Bedenken tritt die Kritik an den bisher durchgeführten Erfolgskontrollen zur Gemeinschaftsaufgabe. Es sei zwar richtig, daß in den 70er Jahren das Wachstum der Arbeitsplätze im gewerblichen Bereich in den Fördergebieten günstiger als in den Nichtfördergebieten verlaufen sei; dies sei jedoch keineswegs ein Erfolg der betriebenen regionalen Strukturpolitik, sondern vielmehr Ausdruck einer vernünftigen interregionalen Arbeitsteilung und eines strukturellen Anpassungsbedarfs der deutschen Wirtschaft in den 70er Jahren, der die nicht geförderten stärker als die geförderten Gebiete getroffen habe. Der in Nichtfördergebieten bereits erfolgreich bewältigte Strukturwandel wird danach die Fördergebiete in den nächsten Jahren verstärkt treffen[17].

2.2 Alternatives Konzept konkurrierender Regionen

Diese Kritikpunkte legen eine grundsätzliche Umorientierung der regionalen Strukturpolitik nahe. Bund und Länder sollen von einer prozeßpolitisch orientierten Regionalpolitik, die auf einem gesamtwirtschaftlichen Ziel-Mittel-Kalkül basiert, abrücken und stattdessen ordnungspolitische Rahmenbedingungen schaffen, die für einen fairen Wettbewerb zwischen den Regionen sorgen. Die prozeßpolitischen Instrumente der Regionalpolitik würden dezentralisiert, die Region als Träger der Regionalpolitik in den Mittelpunkt rücken[18]. Damit eine solche Regionalpolitik, basierend auf dezentralen Organisationsstrukturen, funktionsfähig ist, muß dafür gesorgt werden, daß die räumliche Allokation der Produktionsfaktoren nicht durch politische Eingriffe verzerrt wird. "Mit anderen Worten: Die Vor- und Nachteile einer Region müssen sich bei der Standort- und Wohnortwahl auf der Basis unverfälschter Marktsignale durchsetzen können"[19].

Voraussetzung für das Funktionieren der Stärkung der regionalen Kompetenz in einem föderalistischen Staatsaufbau ist nach Olson das Prinzip der fiskalischen Äquivalenz. Nach ihm muß sichergestellt werden, daß alle von einer Entscheidung Betroffenen an ihrem Zustandekommen beteiligt werden.

Zu dieser Strategie einer regionalisierten Regionalpolitik nimmt in einem seiner letzten Jahresgutachten der Sachverständigenrat zur Begutachtung der gesamtwirtschaftlichen Entwicklung Stellung. "Die regionale Wirtschaftspolitik könnte weitgehend in die Verantwortung der Regionen überstellt werden. Über die Entwicklungsperspektiven von Regionen würde dann weniger bürokratisch entschieden, stärker in einem Verfahren, dessen Ergebnisse sich im Wettbewerb bewähren müssen. Die Verlagerung von Kompetenzen auf die Regionen ist die

Grundidee dessen, was unter dem Stichwort der Regionalisierung der Regionalpolitik als neues Konzept gefordert wird. Eine solche Aufgabenzuweisung, bei der sich eine größtmögliche räumliche Deckung von Einflußbereich und Verantwortungsbereich ergäbe, hätte wichtige Vorteile. Die Politikgestaltung rückte räumlich näher an die Probleme heran, regionalspezifische Engpaßfaktoren könnten eher und präziser ausgemacht, auf neue Entwicklungen und Erfahrungen könnte flexibler reagiert werden, und vielleicht ließen sich in manchen Fällen auch bürokratische Hemmnisse vermeiden. Die dezentral betriebene Suche nach Möglichkeiten, Entwicklungen anzustoßen, würde vermutlich auch zu einem größeren Erfahrungsschatz hinsichtlich der Tauglichkeit und der Kosten verschiedener Förderkonzepte und Instrumente führen. Denn auch für die regionale Entwicklungspolitik selbst gilt: Gesucht sind neue praktikable Ideen. Und diese sind immer knapp''[20].

So bestechend dieser Versuch einer größeren ökonomischen Effizienz durch die Stärkung der Kompetenz der Regionen auf den ersten Blick erscheint, so bleiben doch einige offene Fragen und Kritikpunkte:

- Politiker vor Ort sind diesem Druck noch sehr viel stärker ausgesetzt als zentrale Instanzen und waren ja am Niedergang der Region i. d. R. in verantwortlicher Position beteiligt. Gegen die Marktkräfte gerichtete, strukturerhaltende Maßnahmen dürften damit noch eher an Gewicht gewinnen.

- Wettbewerb zwischen Regionen kann nur funktionieren, wenn ein Sanktionsmechanismus vorhanden ist, der dem von Unternehmen in Form von Gewinnen und Verlusten vergleichbar ist. Nach Hirschmann sind dies beim Wettbewerb zwischen Regionen Widerspruch - etwa in Form von Bürgerinitiativen oder Wahlentscheidungen - oder Abwanderungen. Kommt es aber zu Abwanderungen, ergibt sich die Gefahr der Ghettoisierung. Gut ausgebildete, mobile Bevölkerung wandert ab, immobile, schlecht ausgebildete und alte Bevölkerung bleibt am Ort. Sie wird kaum in der Lage sein, eine Revitalisierung der strukturschwachen Region aus eigener Kraft zu schaffen.

- Wettbewerb zwischen Regionen kann nur dann ablaufen, wenn die Startpositionen der Regionen in etwa gleich sind. Dies ist jedoch keineswegs der Fall, so daß strukturschwache Regionen bei strikter Anwendung des interregionalen Wettbewerbsprinzips von vornherein benachteiligt sind.

- Am Markt konkurrenzunfähige Unternehmen gehen in Konkurs und scheiden so aus dem Markt aus, eine Konsequenz, die in dieser Form für Regionen nicht denkbar ist. Damit taucht die Frage auf, was mit Regionen passiert, die im Wettbewerbsprozeß keine entwicklungsfähigen und -würdigen Potentiale finden. Hier muß über ein ''soziales Netz'' für Regionen etwa in Form eines regionalen Finanzausgleiches nachgedacht werden.

- Interregionaler Wettbewerb wird durch das Auftreten externer Effekte verzerrt. So profitieren etwa von Agglomerationsvorteilen nicht nur die Bürger der entsprechenden Region, sondern auch diejenigen angrenzender Wirtschaftsräume. Da solche externen Nutzen und Kosten in den Marktpreisen nicht enthalten sind, kommt es zu einer suboptimalen räumlichen Wirtschaftsstruktur.

- Nach Art. 72 des Grundgesetzes trägt der Bund die Verantwortung für die Gleichwertigkeit der Lebensbedingungen in allen Regionen der Bundesrepublik Deutschland. Die Zuordnung von Verantwortung ist aber nur dann sinnvoll und geboten, wenn entsprechende Kompetenzen zugebilligt werden.

- Die Chancen eigenbestimmter und erfolgreicher Entwicklungsstrategien sind davon abhängig, daß in der Region Träger vorhanden sind, die diese Maßnahmen umsetzen können. Ein Organisationsmodell der Verwaltung auf Regionsebene fehlt aber; Kreise stellen nämlich häufig etwas ganz anderes dar als Wirtschaftsräume. Damit stellt sich sofort die Frage, wer regionale Entwicklungsstrategien formulieren, über sie entscheiden und sie umsetzen soll.

C. Schlußteil: Resümee

Prozeß- und ordnungspolitische Varianten der Regionalpolitik werden in der politischen und wissenschaftlichen Diskussion bisher als sich ausschließende Alternativen und nicht als sich ergänzende Möglichkeiten angesehen. Dies ist um so erstaunlicher, als beide Varianten ihre spezifischen Stärken und Schwächen haben, so daß es naheliegt, ein Konzept zu entwickeln, das von den Stärken beider Varianten profitiert. Zum Abschluß meines Referates möchte ich versuchen, ein solches Konzept in groben Umrissen zu zeichnen; es setzt sich aus folgenden Hypothesen und Vorschlägen zusammen:

- Die Gemeinschaftsaufgabe "Verbesserung der regionalen Wirtschaftsstruktur" hat sich im Prinzip bewährt. Im Gegensatz zu vielen anderen Politikbereichen stellt sie ein Konzept dar, das in sich konsistent ist, im Gegensatz zu häufig geäußerten Meinungen auf einem theoretischen Konzept basiert, von Dritten nachvollzogen werden kann und sich damit der politischen Diskussion stellt.

- Die räumlichen Untersuchungseinheiten im Rahmen der regionalen Strukturpolitik sollten weiterhin durch Arbeitsmärkte gebildet werden, die allerdings stärker den wirklichen Funktionalbeziehungen im Raum entsprechen müßten, als sie dies bisher tun. Dies entspricht auch der in der regionalisierten Regionalpolitik geforderten Deckungsgleichheit von Kompetenz- und Verantwortungsbereich.

- Die Förderindikatoren der Gemeinschaftsaufgabe sollten überdacht werden. Anstelle von einzelne wirtschaftliche Tatbestände ausdrückenden Variablen sollten eher Indikatoren Verwendung finden, die die Reaktion der Wirtschaftssubjekte auf die ökonomische Situation in einer Region umfassend zum Ausdruck bringen. Die Attraktivität eines Wirtschaftsraumes äußert sich für die Nachfrager nach Arbeitsplätzen im Wanderungssaldo der Erwerbspersonen, für die Anbieter an Arbeitsplätzen in der Beschäftigungsveränderung.

- Das Instrumentarium der regionalen Strukturpolitik sollte ebenfalls umgestaltet werden. Die direkte Kapitalsubventionierung von Privatunternehmen in Form von Investitionszuschüssen und -zulagen ist zugunsten einer Erhöhung der Standortattraktivität strukturschwacher Regionen durch eine verbesserte Infrastruktur zurückzufahren. Von ihr würden nicht nur weniger ausgewählte Unternehmen, sondern alle Betriebe in einer Region profitieren. Um die Kenntnisse vor Ort zu nutzen und Regionalinitiativen anzuregen, sollten Zuweisungen für bestimmte Infrastrukturinvestitionen durch Investitionspauschalen zugunsten strukturschwacher Regionen ersetzt werden. Regionale Entscheidungsträger könnten dann eigenständig entscheiden, für die Beseitigung welcher regionaler Entwicklungsengpässe sie das zugeteilte Geld verwenden wollen. Dabei sollte der zulässige Verwendungsrahmen sehr weit gefaßt werden; nicht nur die Verbesserung der Verkehrsanbindungen, die Ausweisung von Industrie- und Gewerbeflächen oder ein preisgünstiges Energieangebot sind konkrete Faktoren der Standortentscheidung, sondern auch die Erleichterung des Zugangs zu neuen Techniken, regionale Wirtschaftsberatung, Einrichtungen der Aus- und Weiterbildung, Möglichkeiten zur Nutzung moderner Einrichtungen der Telekommunikation, Freizeiteinrichtungen, Verbesserungen der Siedlungsstruktur sowie Maßnahmen zur Pflege des regionalen Images.

- Die Umstellung von Maßnahmen zur Förderung der wirtschaftsnahen Infrastruktur hätte außerdem den Vorteil, daß die Gemeinschaftsaufgabe wieder unabhängiger von den Monita Brüssels wird, da die Europäische Gemeinschaft nur direkte Unternehmenssubventionen, aber nicht Maßnahmen zur Verbesserung der Infrastruktur auf ihren Subventionscharakter hin überprüft.

- Die Fachpolitiken haben sich bei ihren Entscheidungen stärker an Regionalproblemen zu orientieren. Das häufig vorgebrachte Gegenargument, daß sie dadurch an Effizienz leiden, vermag nicht in jedem Fall zu überzeugen. Häufig ist sogar das Gegenteil der Fall, wie etwa Herr Kollege Klaus von der Universität Erlangen-Nürnberg in dem von mir geleiteten Arbeitskreis der Akademie "Regionale Arbeitsmarktprobleme" in seinem Beitrag "Regionaldifferenzierte beschäftigungspolitische Strategien"[21] in bezug auf die Arbeitsmarktpolitik nachgewiesen hat. Durch die Anpassung arbeitsmarktpolitischer Strategien an regionale Belastungsprofile läßt sich ihre Wirksamkeit wahrscheinlich erheblich erhöhen.

Mit diesem - zugegebenermaßen rudimentären - Versuch, die prozeß- und ordnungspolitische Variante der Regionalpolitik zu integrieren, möchte ich meine Ausführungen beenden.

Anmerkungen

1) Vgl. Oates, W.E.: Fiscal Federalism, New York u.a. 1972, S. 3 ff.

2) Vgl. Musgrave, R.A.: Finanztheorie, 2. erg. u. verb. Aufl., Tübingen 1969, S. 6 ff.

3) Ähnlich bei H.-F. Eckey und K. Reding: Die finanzielle Situation Nordhessens und seiner Gemeinden, Kassel 1986, S. 38 ff.

4) Vgl. 17. Rahmenplan der Gemeinschaftsaufgabe "Verbesserung der regionalen Wirtschaftsstruktur", Drucksache 11/2362 des Deutschen Bundestages, S. 14.

5) D. Birch: The job generation process, Cambridge (Mass.) 1979.

6) Heinrich Gräber, Mathias Holst: Umstrukturierung der regionalen Wirtschaftspolitik im Zuge der Steuerreform 1990. In: Wirtschaftsdienst 1988/VI, S. 3257) Hans Pohle: Problemaufriß zum Expertengespräch "Zukunft der regionalen Wirtschaftspolitik in der Bundesrepublik Deutschland", Juni 1988, unveröffentlichtes Manuskript.

8) Vgl. 17. Rahmenplan der Gemeinschaftsaufgabe "Verbesserung der regionalen Wirtschaftsstruktur", Drucksache 11/2362 des Deutschen Bundestages vom 24. 5. 1988, S. 16 ff.

9) Vgl. Christoph Asmacher, Hans-Joachim Schalk, Rainer Thoss: Analyse der Wirkungen regionalpolitischer Instrumente, Band 120 der Beiträge zum Siedlungs- und Wohnungswesen und zur Raumplanung, Münster 1987, S. 137.

10) Vgl. Hans-Friedrich Eckey: Abgrenzung regionaler Arbeitsmärkte. In: Raumforschung und Raumordnung, 46. Jahrgang 1988, Heft 1 - 2, S. 24 ff.

11) Vgl. Wolfram Mieth: Die Unausgeglichenheit zwischen den regionalen Arbeitsmärkten und die Regionalpolitik, FuS 178 "Politikansätze zu regionalen Arbeitsmarktproblemen", Hannover 1988.

12) Vgl. Regionalpolitik 2000 - Probleme, Ziele, Instrumente (Ergebnisse eines Symposiums), Band 4 der Schriftenreihe der Wirtschafts- und Sozialwissenschaftlichen Gesellschaft Trier, Trier 1984; Norbert Irsch, Burghardt Müller-Kestner: Vorschläge zur Weiterentwicklung der regionalen Wirtschaftspolitik. In: Wirtschaftsdienst 1984/XII, S. 622 ff.

13) Rüdiger Soltwedel: Wettbewerb zwischen Regionen statt zentral koordinierter Regionalpolitik. In: Die Weltwirtschaft, Heft 1/1987, S. 129 ff.

14) Konrad Lammers: Die Bund-Länder-Regionalförderung - Ziele, Ansatzpunkte, ökonomische Problematik. In: Die Weltwirtschaft, a.a.O., S. 61 ff.

15) Guntram Palm: Neuverteilung der Sozialhilfelasten? In: Wirtschaftsdienst, Heft 5, Mai 1988, S. 234 ff

16) Georg Rüther: Regionalpolitik im Umbruch. In: Wirtschaftsdienst, 1987/VI, S. 311 ff.

17) Vgl. Konrad Lammers, a.a.O., S. 74 ff.

18) Ähnlich bei Detlef Martens: Grundsätze und Voraussetzungen einer regionalen Regionalpolitik. In: Informationen zur Raumentwicklung, Heft 5/1980, S. 263 ff.

19) Martin Junkern-Heinrich: Dezentralisierung der Wirtschaftspolitik. In: Wirtschaftsdienst 1985/XI, S. 580.

20) Sachverständigenrat zur Begutachtung der gesamtwirtschaftlichen Entwicklung: Chancen für einen langen Aufschwung (Jahresgutachten 1984/85), Stuttgart und Mainz 1984, S. 200 f.

21) Joachim Klaus und Klaus-Georg Binder: Regionaldifferenzierte beschäftigungspolitische Strategien - Anhaltspunkte aufgrund vergleichender Arbeitsmarktbilanzen. In: FuS 178 "Politikansätze zu regionalen Arbeitsmarktproblemen", Hannover 1988, S. 219.

Dietrich H. Hoppenstedt

Entwicklungsperspektiven Norddeutschlands

Herr Vorsitzender, Herr Bürgermeister, Herr Stadtdirektor,
meine sehr verehrten Damen und Herren,

Papenburg zu betreten, ist immer ein Gefühl, auf schwankenden Boden zu treten. Einmal, weil es in der Tat vom Moor umgeben ist, zweitens, weil man nie weiß, wie man hier wieder hinauskommt. Bei der Vorbereitung meines Vortrages ist mir immer deutlicher geworden, daß wir uns in der Frage der Regionalentwicklung, und ich meine das so, wie ich das jetzt sage, in einem Dilemma befinden. Einerseits versuchen wir so gründlich wie möglich zu planen, auf der anderen Seite stellen wir immer häufiger fest, daß die Entwicklung unsere Planungen ständig überholt. Ich werde versuchen, das anhand von einigen Beispielen darzulegen. Ich glaube, es liegt vor allem an dem unglaublichen Tempo der Innovation, die unser gesamtes wirtschaftliches und gesellschaftliches Leben verändert.

Ich sehe hier einige Gesichter, die ich aus vielen Jahren meiner beruflichen Tätigkeit kenne. Herr Masuhr sitzt da, wir haben schon vor über 15 Jahren im Landesplanungsbeirat beim Niedersächsischen Innenministerium gesessen und uns über die Zukunft Niedersachsens Gedanken gemacht. Ein Teil davon ist verwirklicht worden, ein Teil aber auch völlig anders gelaufen, als wir es uns damals vorgestellt haben. Und ich sehe Herrn von Tempsky hier. Auch wir haben uns vor 15 Jahren in der Deutschen Landeskulturgesellschaft über unsere Zukunft Gedanken gemacht. Die Preispolitik der 70er Jahre hat damals alle unsere Planungen über den Haufen geworfen. Und jetzt habe ich, Herr von Tempsky, gerade die alten Manuskripte von vor über 15 Jahren aus dem Schrank geholt und gesehen, daß wir damals genau dieselben Probleme, wie wir sie heute haben, bewältigen mußten.

Ich wollte dieses nur als Einführung sagen und als Hinweis darauf, daß ich in der Tat der Meinung bin, daß in Zukunft vieles schwerer zu planen sein wird als in der Vergangenheit. Gerade hier im Emsland und vor allem in Papenburg haben wir ein klassisches Beispiel dafür, wie in den letzten 40 Jahren vorgegangen wurde. Die Aufgabe der Emsland GmbH, bei der ich ja einige Jahre lang die Ehre hatte, dem Aufsichtsrat als Vorsitzender anzugehören, ist dabei in einer Weise gelöst worden, wie sie fast europäischen Modellcharakter haben könnte. Die Tätigkeit dieser Gesellschaft hat gezeigt, wie man eine Region aus einer gewissen Rückständigkeit heraus zu einem blühenden Gemeinwesen bringen kann. Ähnlich war auch die Ausgangslage in einer anderen Region, nämlich in Lüchow-Dannenberg. Auch dies ist ein Grenzgebiet, sicherlich mit einer schwierigeren Grenze. Aber anders als hier im Emsland stagniert dort die Entwicklung seit vielen Jahren. Das Emsland einerseits und Lüchow-Dannenberg andererseits: dieses sind zwei klassische Beispiele. Aber was man sich eigentlich fragen muß, ist, ob tatsächlich alles planbar ist oder woran es liegt, daß diese Entwicklung so unterschiedlich verlaufen ist. Denn sicherlich läuft im Emsland und gerade hier in Papenburg vieles glänzend, aber es läuft gelegentlich nicht immer so ab wie geplant, das muß man auch mal sagen.

Meine sehr verehrten Damen und Herren, lassen Sie mich jetzt mir selbst treu bleiben und losgelöst von meinem Manuskript auf einiges, was Herr Prof. Eckey gesagt hat, eingehen. Insofern bleibe ich mir selbst treu, denn das Planen wird immer schwieriger. Dies gilt auch für Vorträge. Aber ich werde gelegentlich in mein Manuskript hineinschauen und darauf zurückkommen.

Das Thema "Entwicklungsperspektiven Norddeutschlands" wirft zunächst einmal die Frage auf: Was gehört eigentlich zu Norddeutschland? Wenn wir die letzten Diskussionen um die Finanzausgleiche hören, dann scheint auch Nordrhein-Westfalen mit dabei zu sein. Ich möchte dieses Bundesland jedoch an dieser Stelle ausklammern. Ich werde mich daher bei meinen Ausführungen ausschließlich auf die Länder Schleswig-Holstein, Niedersachsen, Hamburg und Bremen beziehen. Aber auch bei diesen "klassischen" norddeutschen Ländern wird deutlich, daß Unterschiede in der Struktur dieser Länder vorhanden sind. Wir haben natürlich mit den Hafenstädten Hamburg und Bremen an der Spitze, aber auch mit Schleswig-Holstein und Niedersachsen, die gesamte Nord- und Ostseeküste; d.h., die Küstenprobleme sind auch die Probleme Norddeutschlands. Aber wir müssen auch wissen, daß der südlichste Teil Niedersachsens, nämlich Hannoversch-Münden, von der nahesten Küste noch 400 km entfernt ist und mitten im Binnenland im Mittelgebirge mit einer völlig anderen Struktur liegt. Wir haben weiterhin verschiedene Grenzen, nach Osten zur DDR und nach Westen zu den Niederlanden, und allein dieses schafft andere Probleme, als sie die Stadtstaaten lösen müssen. Aber im großen und ganzen sind die Fragestellungen doch ähnlich.

Lassen Sie mich hier mit einer ganz knappen Analyse Norddeutschlands beginnen. Norddeutschland hat in den letzten Jahren ein Wirtschaftswachstum erlebt, das deutlich unter dem der süddeutschen Länder liegt. In den Jahren 1970 bis 1986 haben wir hier ein Wachstum von 37 % des Bruttoinlandsprodukts gegenüber 45 % in Bayern und Baden-Württemberg aufweisen können. Dieses zeigt, daß wir ein erhebliches Defizit an Wachstum haben, das im übrigen aber erst seit Mitte der 70er Jahre voll durchschlägt. Bis dahin haben wir mit dem Süden gut mithalten können. Aber auch innerhalb der Länder Norddeutschlands gibt es erhebliche Unterschiede. So haben wir z.B. in Niedersachsen etwa ein Wachstum im Bruttoinlandsprodukt von 40 %, in Schleswig-Holstein von 43 - 44 %, in Hamburg ungefähr 35 % und in Bremen sogar nur eins von 26 %. Da werden die unterschiedlichen Strukturen dieser vier Länder deutlich, die sich deshalb auch nur sehr begrenzt in einen Topf werfen lassen. Gerade deshalb möchte ich davor warnen, und dies sage ich vor allem als Niedersachse, daß wir es zulassen, daß sich einzelne Standorte, wie beispielsweise Hamburg, auf Kosten der anderen drei norddeutschen Länder profilieren.

Meine Damen und Herren, das zweite, was ich als Indiz für unsere großen Schwierigkeiten hier im norddeutschen Bereich sagen will, ist die Arbeitslosigkeit. Wir haben hier eine Arbeitslosenquote von 11,8 %. Das ist genau doppelt so viel wie in den süddeutschen Staaten Bayern und Baden-Württemberg. Und dieses ist doch eigentlich das Hauptkriterium, das uns die Frage stellt: Woran liegt das eigentlich? Ist das ein Strukturproblem, oder hat das andere Ursachen? Und ich will, obwohl sich das etwas mit dem überlappt, was Prof. Eckey hier dargelegt hat, ganz kurz auf die Ursachen für die hohe Arbeitslosigkeit eingehen, die nur begrenzt mit dem relativ geringen Wachstum des Bruttoinlandsprodukts zusammenhängen.

Zunächst einmal ist für die hohe Arbeitslosenquote der gewaltige Strukturwandel in den Branchen Werften, Schiffahrt, Industrie, Stahl, Kohle und Landwirtschaft verantwortlich. Diese

Gewerbezweige, meine Damen und Herren, und das ist so hinreichend gar nicht bekannt, finden wir in Norddeutschland besonders häufig. Und das gilt vor allem für Niedersachsen mit dem hohen Anteil an Stahl- und Kohleindustrie. Deswegen ist das Zusammenbrechen der Märkte für diese Branchen auch im norddeutschen Bereich am stärksten mit zu spüren. Zwar sind wir bei den Werften, wenn ich es richtig sehe, wohl weitgehend über den Berg, aber bei der Schiffahrt insgesamt steht uns ein starker Strukturwandel erst noch bevor. Im Augenblick wird die Situation etwas gemildert durch ein relativ niedriges Niveau des US-Dollars. Aber die Frachtraten befinden sich in einem dramatischen internationalen Wettbewerbskampf. Die gleichen Schwierigkeiten haben wir bei Kohle und Stahl. Hier ist ganz einfach folgendes passiert: Die Entwicklungs- und die Schwellenländer sind in der Produktion und in der Förderung all dieser Erzeugnisse so gut, vielfach sogar besser, daß sie uns voll am Weltmarkt verdrängt haben. Wir haben einen Fehler gemacht. Und jetzt komme ich zu Ihnen, Herr Prof. Eckey, wir haben diesen Wandel nicht mitvollzogen, Wir haben unsere Strukturen gegen den wirtschaftlichen Wandel aufrechterhalten; da gibt es überhaupt keinen Zweifel. Wir haben Geld, Milliarden von Mark, in die Werften reingepumpt und in die Stahlindustrie. Die Schiffahrt erhält viele Subventionen, und auch die Landwirtschaft muß ich hier in einem Atemzug nennen. Aber auf die Dauer müssen wir uns fragen, ob Subventionen in dieser Art und Weise volkswirtschaftlich nützlich sind.

Meine Damen und Herren, wir haben die alten Strukturen zementiert und haben dem Strukturwandel nicht Rechnung getragen. Dieses führt dazu, daß in einer Zeit, in der die Probleme noch gravierender werden, als sie sich in der Anfangsphase gezeigt haben, der Abbau der Arbeitsplätze in diesen Wirtschaftsbereichen immer dramatischer wird. Denn wenn man Strukturen dieser Art zementiert, dann verhindert man zugleich die Umstrukturierung dieser Betriebe oder zwischen den Betrieben. Und der Strukturwandel in der Bundesrepublik Deutschland ist ja in vollem Gang. Wir haben bis 1980 etwa jährlich 5 000 Insolvenzen gehabt. In den Jahren 1985/86 erreichte die Zahl der Pleiten mit 18 - 20 000 neue Rekordmarken. Daran ändert nichts, daß wir jetzt wieder auf 15 000 zurückgefallen sind. Das alles zeigt uns, daß der Strukturwandel in der Wirtschaft nicht mehr zu leugnen ist. Sie können ihn auch bei den Sparkassen feststellen, meinem jetzigen beruflichen Einsatzfeld. Wenn man sich hier die Wertberichtigungen der Kreditinstitute näher betrachtet, erkennt man, was im Werft- und Schiffahrtsbereich, aber auch in der gesamten gewerblichen Wirtschaft abgeschrieben werden muß. Hier zeigt sich auch innerbetrieblich ein Strukturwandel von bislang nicht gekanntem Ausmaß, der sich nicht in der Zahl der Insolvenzen niederschlägt.

Meine Damen und Herren, wir haben auch ein zweites Problem hier in Niedersachsen und in Norddeutschland, das unseren Strukturwandel behindert. Denn eine besonders wichtige Rahmenbedingung ist das Lohnniveau. Und dieses ist in Norddeutschland das höchste in der gesamten Bundesrepublik Deutschland. Ich darf Ihnen die Reihenfolge sagen: Hamburg, Bremen, Nordrhein-Westfalen, Niedersachsen. Wir Niedersachsen liegen mit unserem Industrielohnniveau, das ist jetzt der statistische Wert, von dem es regionale und auch vertikale Abweichungen gibt, immer noch 6 - 7 % über dem Baden-Württembergs und Bayerns. Und ich darf Ihnen vielleicht auch noch einige andere Zahlen, die sich hinter diesem Lohnniveau verbergen, kurz nennen. Wir haben in den letzten 5 Jahren im Bundesgebiet einen durchschnittlichen Lohnzuwachs von 3,6 % gehabt. In Niedersachsen lag er bei 3,8 %. Ich will Ihnen sagen, woran das liegt: Wenn wir ein hohes Lohnniveau haben und bundesweit prozentual einheitliche Tarifabschlüsse tätigen, dann bedeutet dies automatisch ein weiteres Auseinanderklaffen der Schere. Denn diejenigen, die ein hohes Lohnniveau haben und prozentual das gleiche drauflegen, kriegen ein noch höheres Lohnniveau. Und dieses, meine Damen und Herren, ist das Verrückte: wir haben die höchste

Arbeitslosenquote hier im Norden, wir haben die größten Probleme mit der Wirtschaftsansiedlung, und wir haben zudem mit das höchste Lohnniveau in der Bundesrepublik.

Die Ursache für den hohen Sockel ist zum einen die Ausstrahlung der Ballungszentren Hamburg und Bremen, zum anderen aber auch die große Monostruktur der Automobilindustrie mit den Haustarifen, die uns im Osten Niedersachsens Schwierigkeiten bereiten und uns auch in der Region rund um Emden vor Probleme stellen. Da können Sie Pläne machen, wie sie wollen, wenn Sie dieses nicht in den Griff kriegen, dann kriegen Sie hier keine Unternehmen her, und dann ist es auch mit der Umstrukturierung schwieriger, als es eigentlich sein müßte. Es geht aber noch weiter. So ist es unbegreiflich, daß im Volkswagenwerk ein Arbeitnehmer jährlich im Durchschnitt 1 147 Stunden arbeitet und damit 63 Stunden weniger als bei Opel in Rüsselsheim, 93 Stunden weniger als bei Ford in Köln und sogar 400 Stunden weniger als bei Fiat in Italien. Die Folge ist, daß bei uns stärker rationalisiert wird und daß neue Unternehmen hier nur begrenzt angesiedelt werden können.

Meine Damen und Herren, ein weiteres großes Problem ist die Flexibilität des gesamten Arbeitsrechts. Im Verhältnis zu anderen Ansiedlungsstandorten innerhalb der Europäischen Gemeinschaft tun wir uns hier sehr schwer. Wir haben Probleme mit dem Einstellen und Wiederausscheiden von Arbeitnehmern. Wenn z.B. VW, um bei diesem Beispiel zu bleiben, einen großen Auftrag zu bewältigen hat und eigentlich dafür für eine begrenzte Zeit Arbeitnehmer einstellen müßte, so tun sie dies nur sehr ungern. Ungern deshalb, weil sie diese Arbeitnehmer häufig nur mit hohen Kosten wieder loswerden können. Zwar gibt es seit 3 oder 4 Jahren das Gesetz zur Flexibilisierung der Arbeitsverträge, aber dieses Gesetz greift nur in Teilbereichen, nicht für die gesamte Bandbreite des Arbeitsmarktes. Ich weiß, wie problematisch dieses alles zu sagen ist, denn man wird sehr schnell natürlich nach sozialen Aspekten und sozialen Umständen gefragt. Nur, wir müssen, wenn wir über Strukturpolitik reden, dieses hier mit zur Diskussion stellen.

Schließlich ist eine Ursache für die hohe Arbeitslosigkeit bei uns auch die mangelnde Qualifikation vieler Arbeitnehmer. Wenn wir einen Strukturwandel zu bewältigen haben, dann setzt das voraus, daß der eine oder andere Arbeitnehmer ausscheidet und dann, wenn er nicht arbeitslos werden will, in andere Bereiche hineingeht. Über 50 % unserer Arbeitslosen haben keine berufliche Qualifikation. Und das ist einer der Kernpunkte, d.h. unsere Gesellschaft wird mit dem Strukturwandel längst nicht so schnell fertig, wie die Wirtschaft ihn vorprogrammiert.

Meine Damen und Herren, lassen Sie mich jetzt in dieser Analyse einige Entwicklungstrends aufzeigen. Da ist zunächst der Strukturwandel, den ich für die letzten Jahre hier dargelegt habe. Aber dieser Strukturwandel wird weitergehen. Lassen Sie mich auch hier wieder beim Automobil bleiben. Wir stehen zur Zeit in einem harten Wettbewerb mit den Japanern um Marktanteile. Wir kämpfen morgen mit den Koreanern. Und dann haben wir ja auch noch weitere Probleme, wenn wir die Altersstruktur unserer Bevölkerung - ich komme darauf noch an anderer Stelle kurz zurück - sehen. Brauchen wir denn überhaupt in 10 oder 15 Jahren noch so viele Autos, oder wird der Konsum nicht absolut niedriger? Diese Frage stellt sich nicht nur aufgrund der Altersstruktur. Denn es ist unwahrscheinlich, daß die älteren Menschen noch so viele Autos kaufen werden wie die jungen. Zumindest fahren sie ihre Autos etwas länger, weil sie regelmäßig vorsichtiger sind.

Meine Damen und Herren, wir kriegen auch ganz neue Entwicklungen, die Ihnen Herr Eckey schon kurz dargelegt hat. Was bringt uns eigentlich die EG-Erweiterung? Eines müssen wir sehen: Jede Erweiterung der Europäischen Gemeinschaft findet in Richtung Süden statt. Und wir im Norden werden immer peripherer. Nach Norden wird es in absehbarer Zeit keine Erweiterung geben. Fachleute gehen davon aus, daß sich aufgrund dieser Tatsache und vieler anderer, vielleicht klimatischer und auch kultureller Entwicklungen der europäische Wirtschaftsraum in den nächsten 30 Jahren voll in das Mittelmeer-Gebiet verlagern wird. Und wenn Sie die Entwicklung in Spanien und Frankreich nehmen, dann stößt man auf Trends, die diese Vermutung bestätigen.

Wir haben eine hohe Technisierung unserer Wirtschaft zu verzeichnen; d.h., wie wieder das Beispiel VW in Halle 54 zeigt, wir brauchen im warenproduzierenden Gewerbe in Zukunft viel weniger Menschen als bisher. Zwar ist diese Entwicklung im Ergebnis für den Strukturwandel positiv, aber für den Augenblick müssen wir sehen, daß die Technisierung Arbeitsplätze wegrationalisiert. Die Bevölkerungsentwicklung habe ich vorhin schon angesprochen. Ich will hier nur noch abschließend sagen: Wir haben heute 56 Mio. Einwohner, im Jahre 2000 werden es 52 Mio. sein und schließlich nur 42 Mio. im Jahr 2030. Was sich hinter diesen Zahlen verbirgt, sind zunächst gewaltige Probleme für die kommunale Infrastruktur. Aber dahinter steckt auch eine dramatische Veränderung der Märkte, die die Veränderung der Altersstruktur nach sich zieht. Die Alterspyramide wird sich schon in absehbarer Zeit auf den Kopf stellen.

Meine Damen und Herren, die Entwicklung hat aber nicht nur negative Seiten. Sie enthält auch riesige Chancen für Norddeutschland. Der Strukturwandel, insbesondere die Massenproduktion, hat zur Folge, daß die Produkte kompakter und handlicher werden. Sie können z.B. heute die Produktion, die Jahresproduktion eines Chipwerkes, in einem Flugzeug transportieren. Das ist überhaupt kein verkehrliches Problem mehr. D.h. alte Standortvorteile, wie wir sie in der Vergangenheit hatten, werden in Zukunft nicht mehr zählen. Die Häfen sind kein großer Standortvorteil mehr, sie nehmen jedenfalls ständig an Bedeutung ab, wie die Gegenwart zeigt. Die Küste brauchen wir nicht mehr für die Transporte von vielen Massengütern. Das bedeutet aber, daß die Unternehmen standortungebundener werden, und dieses ist wiederum für peripher gelegene Regionen eine große Chance.

Diese Entwicklung wird unterstützt durch den verstärkten Einsatz der Datentechnik und Telekommunikation. Meine Damen und Herren, hier ist vorhin das richtige Wort gefallen, daß der Mittelstand ein Renaissance erleben wird. Die großen Unternehmen haben sich doch in der Vergangenheit häufig als sehr schwerfällig erwiesen. Deswegen ja auch die mangelnde Beweglichkeit, die mangelnde Ausrichtung auf neue Märkte. Der mittelständische Unternehmer, der kleinere Betrieb, hat sich viel schneller umgestellt. Neue Techniken und neue Produktionsmethoden kommen bei ihm viel schneller zum Einsatz. Diese Entwicklung leistet aber auch der Einführung neuer Produkte Vorschub.

Aber ein Problem hat der mittelständische Unternehmer. Ihm fehlen häufig eigene Forschungskapazitäten, er ist von vielen Informationen abgeschnitten und wird zusätzlich belastet von den hohen Unternehmenssteuern und der staatlichen Unternehmenskontrolle. Aber auch hier gibt es heute durch die Datenkommunikation und die Datentechnik glänzende Mittel, um Abhilfe zu leisten. Ich bitte um Nachsicht, wenn ich hier vielleicht jetzt einmal aus meinem eigenen Bereich nur wenige Sätze dazu sage. Die Kreditwirtschaft z.B. organisiert heute für den

Unternehmer den Zugriff auf Datenbanken, d.h., die Information, die in der Vergangenheit nur im Ballungszentrum zugänglich war, können sie heute in Aschendorf und Papenburg erhalten, über die Sparkasse, über die Volksbanken und viele andere Kreditinstitute mehr.

Auch die Unternehmenssteuerung, die früher nur durch eine intensive Beratung durch hochkarätige Fachleute möglich war, wird jetzt extern von Kreditinstituten angeboten. Hinzu kommt die Finanzierung und vieles andere, was heute durch den Zugriff auf Datentechnik ermöglicht wird. Ich könnte hier beliebig viele Beispiele nennen, will aber an dieser Stelle aufhören und nur sagen: Das Zurverfügungstellen von Daten und der Kommunikationsinfrastruktur überwindet in Zukunft Marktferne und erschließt damit auch periphere Regionen. Ich kann dies z.B. für unsere Sparkassenorganisation sagen: Wir haben heute im Lande Niedersachsen über 10 000 Datenendgeräte an unserem Rechner in Hannover angeschlossen. Das bedeutet, daß wir all diese Dienstleistungen in jedes Dorf bringen können. Und dieses können andere auch und werden andere auch machen. Und dieses wird eine Konkurrenz des Daten- und Informationstransfers bringen, und von dieser Konkurrenz werden alle in den entlegenen Gebieten profitieren. Daß hiermit eine Verbesserung der Verkehrserschließung einhergehen muß, sei nur am Rande vermerkt. Das ist eine ganz wichtige planerische Aufgabe. Obwohl hier in der Vergangenheit eine Menge geleistet wurde, ist die Verkehrserschließung, gerade hier im Emsland, immer noch nicht abgeschlossen und nicht zufriedenstellend gelöst. Aber auch im restlichen Niedersachsen haben wir damit noch einige Probleme. Wenn wir so weitermachen, daß Hamburg sich weigert, auf seinem Gebiet die Autobahn nach Cuxhaven zu dulden und wir natürlich im Umkehrschluß sagen, dann machen wir dem Hamburger Hafen Konkurrenz in Cuxhaven, dann erleichtert das die Sache nicht gerade. Doch dies kann die Entwicklung nur verzögern, nicht aber behindern.

Meine Damen und Herren, und jetzt lassen Sie mich noch einen weiteren Gesichtspunkt anfügen. Die Veränderung der Rahmenbedingungen bleibt nicht ohne Einfluß auf den Menschen. Er entwickelt seine Möglichkeiten, seine Fähigkeiten und damit auch seine Wünsche und seine Gebräuche. Meine Eltern haben statistisch 100 000 Stunden im Leben gearbeitet. Meine Kinder werden statistisch nur 60 000 Stunden arbeiten und dieses bei einer höheren Lebenserwartung und bei viel höherem Einkommen.

Daraus ergibt sich, daß das Dienstleistungsgewerbe in Zukunft viel stärker wächst als die warenproduzierenden Betriebe. Die Relation, ich will Sie jetzt nicht noch mit weiteren Zahlen behelligen, verschiebt sich ja schon derzeitig dramatisch zugunsten der Dienstleistung. Und Dienstleistungen sind zumindest in weiten Bereichen nicht standortgebunden und jedenfalls nicht ballungsraumgebunden. Wenn wir einmal den wichtigen Dienstleistungssektor Kreditwirtschaft oder Versicherungswirtschaft nehmen, so wird dies deutlich. Hamburg und Hannover gehören heute zu den zwei von vier oder fünf wichtigsten Versicherungszentren Deutschlands und werden ihren Platz weiter ausbauen, weil diese Art von Dienstleistungen überhaupt nicht an einen Standort gebunden sind. Etwas anderes gilt für die Kreditwirtschaft, die den Bankenplatz Frankfurt aus verschiedenen Gründen nötig hat.

Meine Damen und Herren, aus dem Dienstleistungssektor sei weiter genannt: Freizeit und Sport. Hier bin ich, Herr Eckey, ganz anderer Meinung als Sie. Wir werden bei der zunehmenden Freizeit unseren Bürgern ein Kurzfreizeitangebot machen müssen, das nicht im Ausland abgedeckt werden kann. Und wer die vielen glänzenden Angebote heute schon kennt, die stark in Anspruch genommen werden, wer die Möglichkeiten, die wir gerade hier in Norddeutschland für viele Dinge mit der Kombination Berge, Seen, Wasserstraßenverbindungen haben, der wird dies nachvollziehen können. Ich bin davon überzeugt, daß wir mit einigen wenigen Maßnahmen die Saison an der Küste verlängern könnten. Dafür brauchen wir nur ein paar Flächen aus der landwirtschaftlichen Nutzung herauszunehmen. Denn das Land liegt nur einen Meter über dem Meeresspiegel, und der Grundwasserspiegel steht 50 cm unter dem Meer. Da können wir riesige Segelparks machen, die z.B. in Süddeutschland nicht verwirklicht werden können. Nur, wir müssen vor Ideen sprühen, Visionen entwickeln, wenn wir dieses umsetzen wollen.

Und da bin ich schon beim nächsten Punkt: Die Bildung, meine Damen und Herren, und die Kultur sind zwei essentiell wichtige Dinge. Die Bildung für die Fähigkeit der Menschen und der Gesellschaft, sich auf die veränderten Rahmenbedingungen kurzfristig einzustellen. Was wir in den letzten 10 bis 15 Jahren an Strukturwandel erlebt haben, wird auch in den nächsten Jahren in immer kürzeren Zeitabschnitten vor sich gehen. D.h. die Bildung und die Fortbildung werden einen ganz außerordentlichen Stellenwert in unserer Gesellschaft haben. Hier kann sich nur derjenige als Standort und interessante Region auszeichnen, der die besten Einrichtungen vorweisen kann. Auch für die Kultur bietet sich ein breites Arbeitsgebiet an. Zugegeben, Kultur läßt sich in den Ballungsgebieten einfacher verkaufen als in der Region, weil solche Einrichtungen auch eher rentabel arbeiten müssen, und das ist auch unser großes Problem. Aber wir haben in Norddeutschland so unglaublich viele kulturelle Einrichtungen, so unglaublich viele Möglichkeiten, Kultur zu betreiben, daß wir endlich mal den Mut haben müssen, die Kultur als eine der unerläßlichen Investitionen für die Zukunft anzusehen. Und das ist auch eine der wichtigsten Aufgaben, die die Öffentliche Hand hat, weil hier natürlich zwar auch private Initiative gefordert ist, aber alleine überfordert wäre.

Lassen Sie mich nun noch folgendes sagen, was ich für eines der wesentlichsten Kriterien für den Strukturwandel halte: das ist die Kalkulierbarkeit des Standortes Bundesrepublik Deutschland oder seiner Bundesländer als Wirtschaftsstandort von den politischen Rahmenbedingungen her. Ich will hier keine Politik machen. Nur glauben Sie mir, wenn jemand viele Milliarden DM in ein Industrieunternehmen hineinsteckt und ihm wird dann plötzlich gesagt, daß er mit seiner Produktion hier nicht mehr erwünscht ist, dann darf man sich nicht wundern, wenn das Geld von vornherein nach Süddeutschland fließt und dort investiert wird. Ich will dies nicht weiter ausführen. Aber wir müssen wissen, daß die Wirtschaft in diesem Bereich sehr sensibel reagiert.

Meine Damen und Herren, ich will zum Schluß noch einmal auf den europäischen Rahmen hinweisen. 1992 kommt der Europäische Binnenmarkt. Wir haben immer wieder gefragt: "Was bringt uns 1992 eigentlich für Probleme?" Lassen Sie uns aber doch auch einmal fragen: "Was bringt uns die EG 1992 für Chancen? Gibt es nicht Entwicklungsmöglichkeiten selbst für ein Bundesland oder für die norddeutschen Bundesländer, die etwas mehr am Rand dieser Entwicklung liegen?" Und in der Tat gibt es eine Vielzahl von Chancen: die Chance des freien Verkehrs auf der Straße und im Handel von Waren. Gegenwärtig braucht ein LKW für die Strecke von Mailand nach London wegen der vielen Grenzen und anderer Schwierigkeiten 3 volle Tage, das entspricht einer Stundengeschwindigkeit von ca. 20 km/h. Derselbe LKW braucht in den USA für die Strecke von New York nach San Francisco ebenfalls 3 Tage, aber das sind pro Stunde nicht weniger als 65 km. Und lassen Sie uns die Normen, die ja überall in unserer Wirtschaft von großer Wichtigkeit sind, als Beispiel nehmen: Siemens produziert 25 verschiedene Elektrostecker nur für Europa. Diese Zahl ließe sich sicherlich erheblich reduzieren. Man rechnet insgesamt damit, daß der freie Warenverkehr und die Dienstleistungen für einen Zuwachs an Arbeitsplätzen von nicht weniger als 1,8 Mio. sorgen werden. Und ich bin fest davon überzeugt, daß auch wir in Norddeutschland davon profitieren, wenn wir das richtig und entschlossen anpacken.

Meine Damen und Herren, eines möchte ich zum Schluß noch sagen, und dieses sage ich im Emsland besonders gern. Alles das, was Firmen planen, wie sie handeln und was sie an Rahmenbedingungen setzen, steht und fällt letztendlich mit den Menschen. Deren Erfolge hängen weitgehend davon ab, was sie aus ihren Möglichkeiten machen. Und da haben wir in der Tat, selbst innerhalb der Bundesrepublik Deutschland, aber eben auch innerhalb Niedersachsens, schon erhebliche Unterschiede. Ich kann das aus eigener Erfahrung bestätigen. Was das Emsland aus sich gemacht hat, ist zwar zu einem Gutteil auf das Angebot zurückzuführen, das die Region bereitgehalten hat. Aber letztendlich ist es nur zu verwirklichen gewesen mit einem Menschenschlag, der hier von jeher kämpfen mußte, wenn er überleben wollte. Fleiß und Risikobereitschaft sind hier angeboren. Dies ist nicht überall so. Denn wir Niedersachsen sind etwas schwerfälliger und behäbiger, wir springen nicht so schnell auf neue Ideen an. Das hat viel für sich, aber es hindert auch manchmal bei der Bereitschaft, Risiko einzugehen. Und wenn wir hier versuchen, mit Anregungen den Menschen zu kommen statt mit viel Planung, dann glaube ich, werden wir mehr erreichen, als wenn wir versuchen, mit neuen Plänen zu kommen. Wir müssen die Freiräume vergrößern und die Menschen motivieren. Dann bin ich sicher, daß die Entwicklungsperspektiven des Emslandes, Niedersachsens und Norddeutschlands größer sind, als viele Pessimisten wahrhaben wollen.

GERARD BEUKEMA

Konzepte der Regionalentwicklung in den Niederlanden

In den Niederlanden findet schon seit geraumer Zeit eine Neuorientierung im Bereich der nationalen Raumordnungspolitik statt. Das niederländische Parlament wird Mitte 1989 den sogenannten Vierten Raumordnungsbericht festlegen. Anschließend wird das Parlament auch verschiedene andere Berichte behandeln in den Bereichen Umweltpolitik, Natur- und Landschaftsschutz, Verkehr und Transport, Landwirtschaft und Wohnungswesen. Die Entwicklungen, die im Denken über Raumordnungspolitik und Regionalentwicklung in den Niederlanden auftreten, sind damit in groben Zügen umrissen.

Es ist also eine gute Gelegenheit, eine Zwischenbilanz aufzustellen, wobei sich die Veränderungen im Denken über die Raumordnungspolitik gut charakterisieren lassen, wenn man die Raumordnungspolitik in der zweiten Hälfte der sechziger Jahre (wie sie in der Zweiten Raumordnungsnote zum Ausdruck kommt) und die Vierte Raumordnungsnote (1988), die die Politik für die neunziger Jahre angibt, vergleicht. Im Grunde geht es um die Wiedergabe der Veränderungen im Denken über die Raumordnungspolitik in einer Zeitspanne von lediglich einem Vierteljahrhundert.

Ich möchte hierbei vor allem auf einige Teile, die namentlich für die Regionalentwicklung von Bedeutung sind, eingehen. Ich werde meinen Beitrag abschließen mit einigen Bemerkungen zu Elementen, die meiner Meinung nach weiterhin hauptsächlich eine Rolle spielen oder spielen werden beim weiteren Nachdenken über Konzepte der Regionalentwicklung in den Niederlanden, und ich werde diese um einige Beispiele, die sich auf die Provinz Groningen zuspitzen, erweitern.

Die räumliche Hauptstruktur der Niederlande

Zuerst werde ich versuchen, mit einigen Stichworten die räumliche Hauptstruktur der Niederlande zu umreißen. Die Karte 1 zeigt den Umfang der Urbanisierung, die Städte mit mehr als 40 000 Einwohnern (für niederländische Begriffe große und mittelgroße Städte) und die Hauptverbindungen über Land, Schiene und Wasser.

Ein wesentliches Merkmal der Niederlande zeigt sich dabei schon gleich: eine starke Urbanisierung des westlichen Teils (die sogenannte Randstadt), eine urbane Erweiterung in Richtung Südosten und Osten und ein geringfügig urbanisierter Norden und Südwesten. In bezug auf das ländliche Gebiet gilt, daß die Gebiete, die sich Utrechtse Heuvelrug und Veluwe (in der Mitte der Niederlande) nennen, eine nationale Natur- und Erholungsfunktion besitzen. Hinsichtlich der Ackerbaugebiete liegt der Unterschied vor allem im Umfang des Betriebs und der Landschaft:

- kleinere räumliche Einheiten auf vor allem Sandböden in Brabant und Drenthe,
- größere räumliche Einheiten auf Lehmböden im Norden und in den Isselmeerpoldern.

Karte 1: Urbanisation und Verkehrsverbindungen

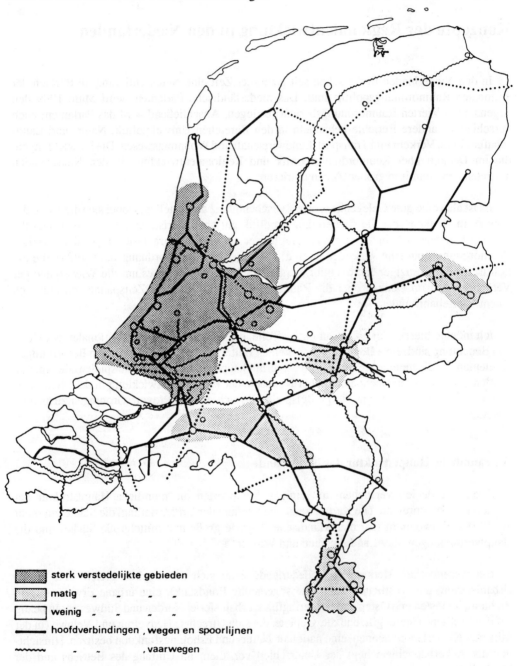

Das stark urbanisierte Gebiet wird vor allem durch die Städte Amsterdam, Den Haag und Utrecht gebildet, die sich um ein grünes und verhältnismäßig offenes Mittelgebiet, das sogenannte Grüne Herz, gruppieren. Der sehr stark entwickelte Transport- und Verteilersektor in diesem Gebiet stützt sich auf den Seehafen von Rotterdam (den größten Seehafen der Welt) und den Flughafen von Schiphol, auf die großen Flüsse (Durchfahrt nach und von der Bundesrepublik) und auf die vorhandenen internationalen Straßen- und Bahnverbindungen.

Diese sogenannte Randstadt, seit jeher das wirtschaftliche Kerngebiet der Niederlande, dehnt sich allmählich in östlicher und südöstlicher Richtung aus. Deshalb spricht man in den Niederlanden immer häufiger von einem sogenannten Städtering Zentralniederlande. Als Regierungsvertreter der Provinz Groningen werde ich selbstverständlich auch hin und wieder auf die spezifische Situation im Norden eingehen. Die Nord-Niederlande sind wie gesagt geringfügig urbanisiert, und vor allem der Ackerbau ist ein sehr bedeutsamer Wirtschaftszweig. In bezug auf städtische Einrichtungen in den Nord-Niederlanden hat namentlich die Stadt Groningen eine wichtige Funktion inne.

Raumordnungspolitik und Regionalentwicklung

Jetzt möchte ich gerne auf die nationale Raumordnungspolitik eingehen. In meiner Einleitung habe ich bereits angedeutet, daß man von einer Periode des erneuten Nachdenkens und der Neuorientierung in der niederländischen (Raumordnungs)planung sprechen kann. Dafür lassen sich einige Gründe angeben.

Zunächst liegt eine Veränderung in der Raumordnungsproblematik vor. Die Raumordnung ist aus der Notwendigkeit des regulierenden Handelns in bezug auf die (oft zügellosen) Wachstumsprozesse heraus entstanden. Darauf ist auch das Instrumentarium ausgerichtet: Über Prüfung und Begleitung von Plänen anderer werden Aktivitäten an bestimmten Stellen genehmigt und an anderen Stellen verweigert. Es ist die Rede von einer Genehmigungsplanologie. Am Ende der siebziger Jahre und besonders in den achtziger Jahren bewirkten einige Trendbrüche (hauptsächlich eine stockende Wirtschaft, ein starker Rückgang der Bevölkerungszunahme, Unsicherheit bezüglich einiger künftiger Entwicklungen wie zum Beispiel die Technologie, Familienzusammensetzung und so weiter) wichtige Veränderungen bei den vorherrschenden (Raumordnungs)problemen: von Beschäftigung hin zu Arbeitslosigkeit, von Suburbanisierung hin zu städtischem Verfall, von Eingliederung von Projekten hin zu städtischem Verfall, von Eingliederung von Projekten hin zur Aufrechterhaltung räumlicher Strukturen, von Expansion hin zu Schwund und Verwaltung. Es stellte sich heraus, daß die Genehmigungsplanologie keine entscheidende Antwort auf diese Probleme geben konnte. Daneben änderte sich die finanzielle Perspektive des Staates und wurden Sparmaßnahmen eine Alltagserscheinung. Die Politik mußte mit rückläufigen Etats durchgeführt werden, Forderungen eines Nutzeffekts herrschten immer mehr vor. Schließlich kam mit all diesem auch wieder eine grundlegende Diskussion über die Rolle des Staates und der möglichen oder unmöglichen Machbarkeit der Gesellschaft in Gang. Die Bemühungen der nationalen Raumordnung, in diesem veränderten Zusammenhang eine Antwort auf Raumordnungsprobleme und auf die Frage nach der Effektivität und der gewünschten Art der Raumordnungspolitik zu formulieren, kristallisieren sich aus der unlängst erschienenen Vierten Raumordnungsnote heraus. In einem Vergleich zur Kernaussage der Zweiten Note aus dem Jahre 1966 werde ich versuchen anzugeben, welche Veränderungen sich in den Niederlanden im Denken über Raumordnung und Regionalentwicklung ergeben haben.

Ich übergehe also die Erste und die Dritte Note. Die Erste Note aus dem Jahre 1961 behandelte nur den Westen der Niederlande und rühmte die Segnungen dieses Landesteiles für das ganze Land. Der Kern dieses Konzeptes der Regionalentwicklung kehrt in der Vierten Note wieder. Die Dritte Note (1973) lasse ich aus, weil in dieser Note nicht so sehr die Bildung von Konzepten eine zentrale Stelle einnahm, sondern die Durchführung der Ideen der Zweiten Note. Das ausführliche System von Strukturschemen und -skizzen (die niederländische Raumordnungspolitik wurde auf mehr als zweitausend Seiten formuliert) ist das Ergebnis.

Die wesentlichen Unterschiede zwischen beiden Noten gebe ich hier kurz wieder.

Vergleich Zeite Note - Vierte Note in Stichwörtern

Zweite Note	Vierte Note
1. nationaler Gesichtswinkel	1. internationaler Gesichtswinkel
2. allgemeines Wachstum	2. selektives Wachstum
3. Gerechtigkeitsprinzip	3. Wirksamkeitsprinzip
4. Streuungsprinzip	4. Bündelungsprinzip
5. Planung nach bestimmten Zielvorstellungen	5. Planung als Prozeß
6. Erweiterungsplanologie	6. Verwaltungs- und Entwicklungsplanologie
7. Machbarkeit der Gesellschaft	7. öffentlich-private Zusammenarbeit unter Beibehaltung der eigenen Verantwortungen

Im Rahmen des Themas meines Beitrags werde ich nun nicht weiter auf die Unterschiede im Hinblick auf das erwartete Wachstum (ein Wachstum auf der ganzen Linie gegenüber einem Wachstum der Teile) und Unterschiede im Hinblick auf die Planungsphilosophie eingehen (vom Skizzieren eines Endbildes und Ein-darauf-Zusteuern bis hin zur Betrachtung der Raumordnung als einem Vorgang, in dem sehr regelmäßig die Ziele, Mittel und Strategien angepaßt werden, um auf diese Art und Weise den aktuellen Entwicklungen und Problemen gerecht zu werden). Dieübrigen Vergleiche berühren mehr oder weniger direkt das Thema Regionalentwicklung.

Wenn die Zweite Note fast ausschließlich national ausgerichtet war, die Vierte Note kann beinahe ein Exponent des "1992er Denkens" genannt werden. Wenn später, im Jahre (oder höchstwahrscheinlich nach) 1992, die europäischen Binnengrenzen wegfallen, wird sich im Hinblick auf die Wettbewerbsfähigkeit von Ländern, Städten und Wirtschaftszweigen vieles ändern. Es gilt, sich für diese Veränderungen zu rüsten. Die Vierte Note versucht, zu dem Zweck für die nationale Ebene einige Linien abzustecken, und setzt dabei vor allem auf weitere Entwicklungen des internationalen Milieus der Randstadt. Damit wird die Leitidee der Regionalentwicklung der Vierten Note bereits einigermaßen gekennzeichnet: der Westen als Motor der Niederlande. Ich komme gleich noch darauf zurück.

In der Zweiten Note herrscht das Gerechtigkeitsprinzip vor. Jedermann und alle Gebiete haben Recht auf das gleiche Niveau des Wohlstandes, der Beschäftigungs-und Entfaltungsmög-

Karte 2: Integration von raumordnerischer Hauptstruktur und
Entwicklungsperspektiven nach der Vierten Note

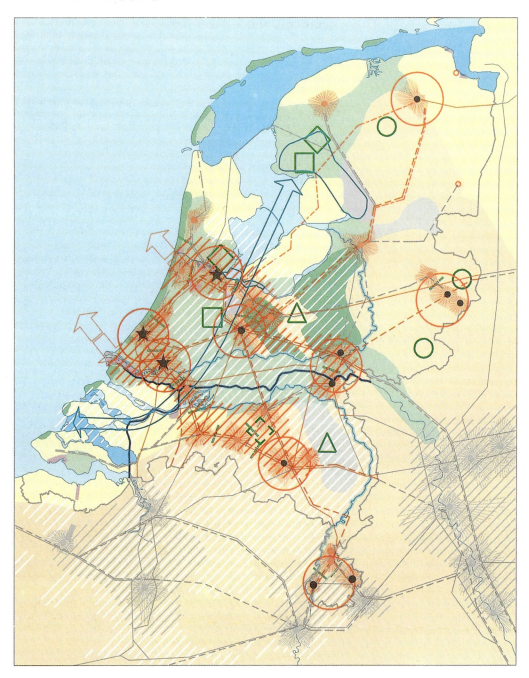

Raumordnerische Hauptstruktur

Großgemeinde bzw. Ballungszentrum im Norden

Industriegebiet

Freiraum bzw.;
Freiraum zwischen Großgemeinden

Hauptverbindung (Straße bzw. Schiene)

große Flüsse und andere Hauptstraßen

große Gewässer mit sehr hohem Naturwert, bzw. übrige große Gewässer

Gebiete mit Hauptfunktion Natur

höher gelegene Gebiete, multifunktional, größere bzw. kleinere Gebietseinheiten

niedrig gelegene Gebiete, multifunktional, größere bzw. kleinere Gebietseinheiten

Gebiete mit der Hauptfunktion Landwirtschaft

Raumordnerische Entwicklungsperspektive

Städtischer Knotenpunkt

Internationales städtisches Ansiedlungsumfeld

Städtering im Zentrum der Niederlande

Mainport

Haupttransportachse Straße bzw. dito, näher zu bestimmen

Haupttransportachse Schiene/Intercity-plus/Hochgeschwindigkeitsbahn (indizierend)

Haupttransportachse Wasser

Natur- und/oder touristische für die Erholung wichtige Entwicklungszone

Erneuerung bzw. Anpassung bzw. Erhaltung der raumordnerischen Struktur im ländlichen Gebiet

Erhaltung der raumordnerischen Struktur (möglich)

Studiengebiet

lichkeiten und so weiter. Wo die Entwicklung zurückbleibt, muß deswegen eine zusätzliche (Staats)anstrengung geleistet werden, und die Gebiete, denen es wohl gut geht, müssen ihren Beitrag dazu leisten.

In engem Zusammenhang hiermit steht eine Streuungsidee, die unter anderem die Streuung von Staatsbehörden zur Folge hat (die Ansiedlung von Staatsbehörden in wirtschaftlich schwächeren Gebieten soll dort einen Beschäftigungseffekt bewirken und für eine sogenannte Spin-off-Wirkung sorgen), ebenso wie das Aufstellen und die Finanzierung von integralen Strukturplänen für den Norden (Integraal Structuurplan Noorden des Lands) und für den Süden (Perspectieven Nota Limburg). Natürlich hängt hiermit der letzte Punkt eng zusammen, der Glaube an die Möglichkeiten einer antizyklischen Politik bzw. an das Betreiben einer Politik, die den gesellschaftlichen Entwicklungen zuwiderläuft.

Bevor ich wieder zur Vierten Note übergehe, möchte ich allerdings unterstreichen, daß mit dieser Betrachtungsweise bedeutende Ergebnisse erzielt worden sind. Auf diese Weise konnten sicher im Norden viele Projekte realisiert werden, darunter die Ansiedlung der Zentralen Postdirektion (sozusagen die niederländische Bundespost) mit wichtigen Ausstrahlungseffekten in der geschäftlichen Dienstleistung und der Verwirklichung des Emshafens. Man hat denn auch viel getan, namentlich für die infrastrukturelle Ausrüstung der Gebiete, und es wurde zugleich ein Fundament für eine Betrachtungsweise gelegt, wie sie jetzt in der Vierten Note vorherrscht: eine Zweckmäßigkeits- und Bündelungsbetrachtungsweise. Besonders die ''Verstärkung der starken Punkte in wirtschaftlicher und raumordnerischer Hinsicht und das Nutzen der Entwicklungsmöglichkeiten'' wurden dabei zum Leitfaden. In einem Atemzug spricht man dabei von ''begrenzten Mitteln'', einem ''selektiven Einsatz'' und ''dem Ausnutzen und Verstärken der eigenen Qualitäten der einzelnen Landesteile''. In der regionalen Wirtschaftspolitik steht zentral damit der Beitrag, den die Region für die nationale Wirtschaftspolitik leisten kann.

Damit wurde das Fundament für die Ausarbeitung eines Bündelungsprinzips gelegt: Bündelung der politischen Aufmerksamkeit auf nationaler Ebene und Investierungen in der Randstadt und in den Zentralniederlanden, auf regionaler Ebene Bündelung in sogenannten ''städtischen Knotenpunkten'' (Karte 2). Daneben bleibt nur Platz für eine Entwicklung der ''Regionen aus eigener Kraft''. Mit dieser Bezeichnung will die Regierung andeuten, daß künftig die eigenen Qualitäten und Möglichkeiten der Gebiete der Ausgangspunkt für die Regionalentwicklung sein werden. Pro Gebiet sucht man ein Gleichgewicht zwischen der Nutzung der eigenen Qualitäten, der Ausrichtung auf das wirtschaftliche Kerngebiet der Niederlande und dem Anschluß an die Entwicklungen in angrenzenden Grenzgebieten und wirtschaftlichen Kerngebieten außerhalb der Landesgrenzen.

Die Politik in bezug auf die Regionalentwicklung kennt damit also im wesentlichen drei Elemente:

1. Die Qualitäten und Möglichkeiten des Gebietes selbst.

Das Verstärken der starken Punkte und die Nutzung der Entwicklungsmöglichkeiten stehen im Mittelpunkt. Das nationale Entwicklungskonzept gilt damit eigentlich auch für die einzelnen Gebiete.

2. Das Verhältnis zum wirtschaftlichen Kerngebiet der Niederlande.

Eine nationale Politik muß die Entwicklung der Gebiete in ihrem wechselseitigen Zusammenhang betrachten und strukturieren. Der Gesichtswinkel "Ausrichtung auf das nationale wirtschaftliche Kerngebiet" deutet an, daß damit vor allem auf die Entwicklungsmöglichkeiten geachtet wird, die darin bestehen, das Verhältnis zwischen dem Zentrum und der Peripherie zu vertiefen. Einerseits möchte man keine neuen Vorschläge für die Streuungspolitik machen, andererseits möchte man "Gebiete aus eigener Kraft" nicht zu "Gebieten für sich selbst" entarten lassen. Die Verflechtung dieser doppelten Betrachtungsweise ist nach der Auffassung der Groninger Provinzregierung nicht recht gelungen, und dieser Aspekt der Regionalentwicklung ist auch nur dürftig ausgearbeitet worden. Nur bei einigen Infrastrukturmöglichkeiten (schnelle Bahn- und Straßenverbindungen zwischen den Regionen und dem wirtschaftlichen Kerngebiet) hat eine konkrete Auslegung stattgefunden.

3. Die Entwicklungsmöglichkeiten im internationalen Rahmen.

Ich komme hiermit auf einen Aspekt, bei dem auch Norddeutschland ins Bild rückt. Für ein seit eh und je international orientiertes Land wie die Niederlande ist es eigentlich sehr bemerkenswert, daß die Aufmerksamkeit namentlich in der Raumordnungspolitik immer stark auf das Gebiet innerhalb der Landesgrenzen beschränkt geblieben ist.

Die Bezeichnung "Peripheriegebiete" für Grenzgebiete beweist das. "Europa 1992" hat, was das angeht, den Horizont gehörig erweitert. Nicht umsonst wird wohl mal scherzend bemerkt, daß Columbus im Jahre 1492 Amerika entdeckt hat und daß die Niederlande im Jahre 1992 Europa entdecken.

Es wird jetzt eingesehen, daß Grenzgebiete nicht so sehr Periphergebiete als vielmehr (wirtschaftliche) Zwischengebiete sein können zwischen dem Kerngebiet der Niederlande einerseits und den wirtschaftlichen Zentren jenseits der Grenzen andererseits. Dabei muß zugleich erkannt werden, daß Entwicklungsmöglichkeiten sich in dieser Hinsicht in dem jeweiligen Gebiet unterscheiden. Die Perspektiven für Südlimburg zum Beispiel sind sehr günstig: Die nahegelegenen Ballungsräume Aachen und Lüttich machen eine grenzüberschreitende Zusammenarbeit fast notwendig, und die Lage in bezug auf Süddeutschland ist günstig. Für die Nord-Niederlande sind die Möglichkeiten zwar geringer, aber dennoch vorhanden. In der Verbindung zu Norddeutschland (namentlich Hamburg - Bremen), Skandinavien und eventuell Osteuropa kann noch vieles verbessert werden. Soweit die Schlußfolgerungen aufgrund der Entwicklung im Denken über die niederländische Raumordnungspolitik in einer Zeitspanne von fünfundzwanzig Jahren.

Abschluß

Aus meiner vorhergehenden Darlegung möchte ich jetzt zum Abschluß einige Punkte hervorheben, von denen ich annehme, daß sie im weiteren Denken über Konzepte für die Regionalentwicklung eine wichtige Rolle spielen werden. Ich werde dabei versuchen, als Vertreter der Provinzregierung einige Pros und Kontras der Reihe nach durchzugehen.

1. Das Verstärken der starken Punkte und das Nutzen der Entwicklungsmöglichkeiten.

Die Zeit der Streuung der wirtschaftlichen und staatlichen Aktivitäten als Mittel der Regionalpolitik scheint definitiv vorüber zu sein. Forderungen eines Nutzeffekts fangen an, bei der Realisierung von Projekten eine dominierende Rolle zu spielen. Das Engagement des Reichs bei der Realisierung von Projekten (namentlich in finanzieller Hinsicht) muß denn auch hauptsächlich festgestellt werden mit Argumenten, die sich auf das Konzept "Verstärken der starken Punkte und Nutzen der Entwicklungsmöglichkeiten" beziehen. Ich bemerke hierzu, daß hiermit auf nationaler Ebene die Gefahr besteht, daß sich die Aufmerksamkeit allzu sehr auf die Entwicklung des wirtschaftlichen Kerngebietes richtet, wodurch dort raumordnerische und umwelthygienische Probleme kumulieren. Was das anbelangt, bleibe ich der Meinung, daß eine mögliche Streuung von Aktivitäten in nationaler Hinsicht weiterhin Beachtung finden sollte, nicht auf der Grundlage der Gerechtigkeit, aber ganz bestimmt auf der Grundlage der Zweckmäßigkeit. Beim Nennen von starken Punkten und Entwicklungsmöglichkeiten für die Provinz Groningen rückt zuallererst die Stadt Groningen ins Bild. Sowohl was die Einrichtungen und die Beschäftigung als auch was die Infrastruktur betrifft, hat diese Stadt eine Knotenpunktfunktion in und außerhalb der Provinz (Karte 3). Was das Geschäftsangebot betrifft, gilt die Ausstrahlung sogar für Teile von Norddeutschland. Vor allem im Zusammenhang mit dem landschaftlich sehr reizvollen Gebiet südlich der Stadt, den Emsmündungshäfen und den Verbindungen zu der Randstadt einerseits und Norddeutschland andererseits (die Verbindung zwischen Groningen und der deutschen Grenze wird im Jahre 1992 vollständig verdoppelt sein) kann hier ein Produktions- und Wohnumfeld entwickelt werden mit der Möglichkeit, als Entwicklungsträger im Norden zu fungieren. Es stellt sich zum Beispiel schon jetzt heraus, daß die aufsteigenden neuen Erwerbszweige im Industrie- und Dienstleistungssektor (wie zum Beispiel Aktivitäten auf dem Gebiet der Telekommunikation und der Information, in medizinischer und Biotechnologie) einen guten Nährboden in der Stadt Groningen und in ihrer Umgebung finden.

2. Internationalisierung.

Mit Fug und Recht nimmt die Beachtung der grenzüberschreitenden Zusammenarbeit und der internationalen Wettbewerbsfähigkeit zu. In einem Europa nach 1992 geht es dann nicht mehr um eine Konkurrenz zwischen Ländern, sondern es sind dann Gebiete und Städte, die schauen müssen, daß sie auf internationaler Ebene auch eine Rolle spielen. Die Gebiete werden sich selbst auf diese Situation vorbereiten müssen. In der Provinz Groningen zum Beispiel lassen wir zur Zeit prüfen, welche Folgen das Jahr 1992 für die vorhandene Beschäftigung in der Provinz haben wird und welche Aussichten es für die Wirtschaft gibt. Auch beabsichtigt man, zusammen mit dem Reich und den anderen nördlichen Provinzen eine strategische Untersuchung durchführen zu lassen, die prüfen soll, wie die Entwicklungsmöglichkeiten, die mit dem Anschluß des Nordens an potentielle internationale Verbindungen mit Norddeutschland, Skandinavien und Osteuropa zusammenhängen, genutzt werden können. Besondere Aufmerksamkeit wird dabei dem An-

Karte 3: Zentren und Verdichtungsachsen in der Provinz Groningen

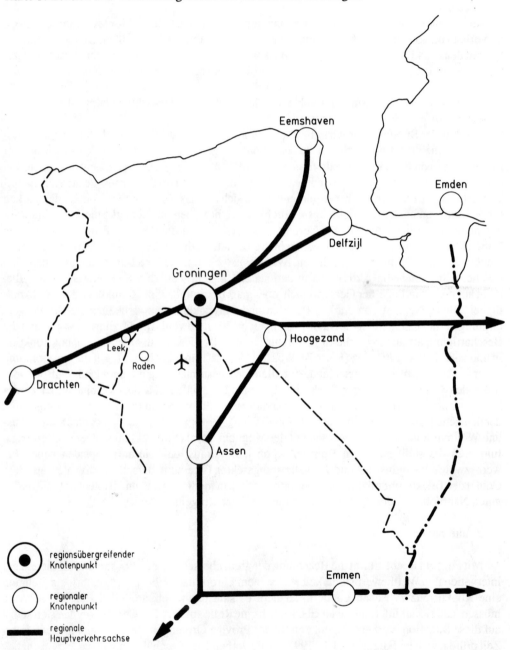

Karte 4: Verdichtungsräume in den Niederlanden und internationale Verkehrsachsen

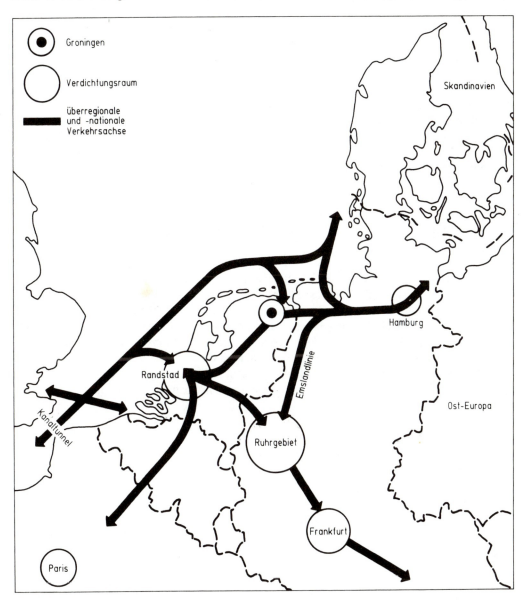

schluß an die Emslandlinie und der Nutzung der Möglichkeiten der Emsmündungshäfen gewidmet werden. Nach Beendung einiger Infrastrukturprojekte in Groningen und der Vollendung der Emslandlinie wird zum Beispiel das Ruhrgebiet vom Emshafen aus sicher genauso schnell erreichbar sein wie von Rotterdam aus. Die Regionalentwicklung hat damit eine bleibende internationale Dimension erhalten (Karte 4).

3. Auf das Vorhergehende weiter aufbauend wird die Raumordnungspolitik für die Regionalentwicklung sehr günstige Bedingungen schaffen müssen. Diese Betrachtungsweise steckt noch in den Kinderschuhen und weist noch eine Vielzahl von Ungewißheiten und blinden Flecken auf, unter anderem bezüglich der Wirksamkeit bestimmter raumordnerischer Eingriffe. Auf jeden Fall ist eine Erneuerung des Verhältnisses zwischen dem Staat und den jeweiligen Betrieben vonnöten. Die Fachbereiche und Betriebszweige werden von der Wichtigkeit der Ausführung der Pläne überzeugt werden müssen. Dafür wird statt lauter planmäßigem Denken politisch-strategisches Denken und Handeln gefordert und rückt auch die Entwicklung einer Sicht wieder ins Blickfeld der Raumordnung; nicht als Wunschbild oder als Konzept der Zukunft, sondern als werbende Grundlage zur Erlangung von Unterstützung und dem Treffen von Vereinbarungen zur Ausführung der Politik.

4. Die nationale Politik ist, was die Instrumente anbelangt, kaum differenziert. Die Instrumente, die das wohl sind (wie z.B. die Investierungs-Prämienregelung), stehen dabei unter ständigem Druck. Im Anschluß an das vorher Gesagte wird jedoch im allgemeingültigen Instrumentarium eine regionale Differenzierung angebracht werden müssen, um sich wirklich auf die regionalen Potenzen einstellen zu können. Dies impliziert auch eine größere Dezentralisierung der Kompetenzen und vor allem der Mittel in der Richtung auf die Gebiete zu, die ja selbst die regionalen Potenzen am besten beurteilen können. In der Hinsicht stehen die derzeitigen Entwicklungen in bezug auf die Dezentralisierung der Mittel hierzu in einem Spannungsverhältnis.

HANS-JÜRGEN VON DER HEIDE

Vorschläge zur Entwicklung der ländlichen Regionen

Ergebnisse der Europäischen Kampagne für den ländlichen Raum

Herr Präsident, meine Damen und Herren,

lassen Sie mich mit einem Wort des Dankes an Sie, Herr Stadtdirektor, beginnen. Wir sind mit der Veranstaltung, die wir auf der Tagung der Akademie in Berlin vereinbart haben, genau in das Zentrum dessen gegangen, was man heute in unserem Lande als ländlichen Raum bezeichnet. Das Emsland war, als der Krieg beendet war, einer der rückständigsten Teilräume in unserem Staatsgebiet. Die benachbarten Niederländer hatten lange erwogen, ob sie nicht die Abtretung dieses Gebietes zum Ausgleich für ihre Kriegsschäden fordern sollten. Sie meinten, daß es ihnen besser gelingen werde, aus diesem Notstandsgebiet ein Wohlstandsgebiet zu machen, wie es ihnen in der Nachbarprovinz Drenthe gelungen ist. Dieser Anspruch hat die deutsche Seite mobil gemacht. Es ist das Emslandprogramm entstanden. Wer diesen Landstrich, sei es als Arbeitsmann, der hier hat Torf graben müssen, als Soldat oder sonstwie vor und während des Krieges gesehen hat, der ist wie ich von Staunen erfüllt, wenn man sieht, was sich hier in nur einer Generation hat entwickeln können. Ich glaube, daß die Meyer-Werft, so wie wir sie gestern gesehen haben, ein besonders eindrucksvolles Beispiel dafür ist, wie aus einem von der Torfwirtschaft beherrschten Landstrich in einer Generation ein Gebiet mit hohem industriellen Standard geworden ist. Wer wie ich Hamburger ist, sieht mit Trauer, daß Deutschlands heute größte Werft eigentlich mitten im Binnenland liegt, mit der Folge, daß - Sie werden das morgen auf der Fahrt sehen - die Brücken über der Ems abgebaut werden müssen, wenn hier einmal wieder eines der großen Seeschiffe fertig geworden ist und auf das Meer gebracht werden soll. Dann ruht der ganze Landverkehr. Die Entwicklung des Emslandes ist ein besonders einprägsames Beispiel dafür, welche Fortschritte möglich sind, wenn alle - Bund, Land, Kommunen, Wirtschaft und Landwirtschaft - auf ein gleiches Ziel hin zusammenwirken.

Die Akademie hat sich hinsichtlich der Entwicklung ländlicher Räume in den letzten Jahren viel Mühe gegeben. Wir hatten zwischen den großen, gesellschaftlichen Organisationen und den kommunalen Spitzenverbänden unter Beteiligung von Einrichtungen der Wissenschaft, darunter auch der ARL, vor fünf oder sechs Jahren eine lockere Arbeitsgemeinschaft mit dem Ziel gebildet, Probleme des ländlichen Raumes untereinander zu diskutieren und gemeinsam nach Lösungsmöglichkeiten zu suchen, insbesondere mit Blick auf die damals schon übersehbare Entwicklung in der Landwirtschaft, von der wir übereinstimmend annahmen, daß sie zu einem neuen großen Strukturwandel führen werde. Wir haben uns - auch hier war die Akademie ganz vorne - nachdrücklich im Europarat dafür eingesetzt, eine Europäische Kampagne für den ländlichen Raum zustande zu bringen. Von ihr erhofften wir uns große Wirkung, nicht zuletzt mit Blick auf den kommenden europäischen Binnenmarkt.

Dieses Ziel wäre gegen die zögernden Niederländer und die noch mehr zögernden Briten nicht durchzusetzen gewesen, wenn nicht unser Außenminister Hans-Dietrich Genscher im Ministerrat des Europarates den Vorsitz gehabt hätte. Er war von der Notwendigkeit einer solchen Europäischen Kampagne überzeugt und hat sie auch bei denen, die noch zögerten, durchgesetzt. Nun glaube ich, ist allein diese Tatsache schon als ein Markenzeichen anzusehen. Außenminister Genscher hat einen so sicheren Instinkt für Erfolg, daß er sich in aller Regel nur solcher Dinge annimmt, die Erfolg versprechen. Wenn er sich als Vorsitzender des Ministerrates für die Europäische Landkampagne stark gemacht hat, so läßt sich daraus nur schließen, daß er sie als ein erfolgreiches Bemühen gesehen hat. Die Kampagne geht in Kürze mit der Abschiedsveranstaltung in Lübeck-Travemünde/Ostholstein zu Ende. Ich glaube, man kann aus Sicht der Akademie sagen: "Dieses war eine erfolgreiche Aktion".

Nun sind die auf dem Lande zu lösenden Probleme nicht in einem Jahr, sie sind wohl nicht einmal in einem Jahrzehnt zu lösen. Dazu brauchen wir alle noch einen langen Atem. Es war unser kurzfristiges Ziel, in der Öffentlichkeit für den ländlichen Raum zu werben und die Probleme sichtbar zu machen, die es im ländlichen Raum gibt, und auch auf die Probleme hinzuweisen, mit denen mit hoher Wahrscheinlichkeit in den nächsten beiden Jahrzehnten zu rechnen ist:

- die Folgen des weiteren Strukturwandels in der Landwirtschaft,
- die Veränderung in der Bevölkerungszahl,

um nur zwei Themenbereiche aus dem ganzen Kranz der Themen zu nennen. Bei der Europäischen Landkampagne geht es um praktische Fragen, das ist gestern durch die beiden Vorträge deutlich geworden. Es geht aber auch um wissenschaftliche Fragen, und dieses wissenschaftlichen Bereichs hat sich die Akademie in den letzten Jahren angenommen. Wir haben, beginnend mit einer großen Veranstaltung in Trier, eine ganze Kette von Veranstaltungen zu den unterschiedlichen Problemen der Entwicklung der ländlichen Räume veranstaltet. Ich meine, daß wir damit Erfolg gehabt haben. Nach der Veranstaltung in Trier hat sich der Regierungspräsident entschlossen, die innere Organisation seines Regierungspräsidiums zu verändern. Es sind neue Formen der Kooperation zwischen der lokalen und der regionalen Wirtschaft in diesem Grenzland entstanden. Staat, Kommunen und Wirtschaft arbeiten jetzt effektiver miteinander zusammen. Ich meine, daß solche Bemühungen als Folge unserer Tagung beachtlich sind.

Wir werden zur Abschlußveranstaltung in Lübeck-Travemünde noch einmal ein wissenschaftliches Symposium durchführen. Die Akademie hat hier die Vorbereitung und die Durchführung übernommen. Wir haben dann in zwei Jahren sechs Veranstaltungen zu Problemen des Landes, wozu ich diese hier in Papenburg mitzähle, durchgeführt. Wir haben aber - um den wissenschaftlichen Charakter unserer Bemühungen noch einmal zu unterstreichen - mehr getan. Wir haben eine Arbeitsgruppe gebildet mit dem Ziel, den Forschungsbedarf für die nächsten Jahre auf diesem Gebiet zusammenzustellen. Wir werden in Lübeck-Travemünde ein erstes Papier mit den Ergebnissen dieser Beratung vorlegen. Es wird dann noch im Laufe des Jahres in dieser Ad-hoc-Arbeitsgruppe die letzte Abstimmung erfolgen, so daß wir spätestens zu Anfang nächsten Jahres eine klare Übersicht darüber haben werden, welche Probleme im ländlichen Raum in absehbarer Zeit bestehen und wo es zu ihrer Lösung noch Forschungsbedarf gibt.

Die Liste dessen, was wir noch nicht wissen und was wir aber wissen sollten, ist sehr viel länger geworden, als ich mir das vorgestellt habe. Ich meine deshalb, daß diese Bemühungen für die zukünftige Arbeit der Akademie nicht Endpunkt sein dürfen. Wir müssen über das Ende der Europäischen Kampagne hinaus in der Akademie weitermachen, uns mit ländlichen Problemen zu befassen. Sie bleiben aktuell. Dabei darf es aber nicht sein Bewenden haben. Es ist notwendig, auch die anderen Gebietskategorien verstärkt ins Blickfeld zu rücken, vor allem auch die Verdichtungsräume. Wir sollten sie in gleicher Weise unter die Lupe nehmen und auch hier den Versuch machen, den Stand unserer Erkenntnisse abzuklopfen und zu überlegen, welche zukünftigen Entwicklungen zu erwarten sind und welcher Forschungsbedarf hier noch besteht. Es ist gestern in den beiden Vorträgen klar geworden, wie schnell die Entwicklung voranschreitet, und wenn ich an Herrn Hoppenstedts Vortrag denke, dann hat er klar gemacht, wie groß die Probleme nicht nur hier im norddeutschen Raum sind, die wir in absehbarer Zeit lösen müssen. Das Bild, das Herr Hoppenstedt gestern gezeichnet hat, war für norddeutsche Ohren nicht besonders erfreulich. Aber es gibt auch Hoffnung. Folgt man einer neueren Prognose von PROGNOS, dann soll die Entwicklung in der 2. Hälfte der 90er Jahre zugunsten Norddeutschlands und zu Lasten Süddeutschlands umschlagen. Hoffen wir, daß dies stimmt. Aber auch dann hat der Norden noch eine lange Durststrecke zu überwinden.

Lassen Sie mich schließen mit der Feststellung: Die Bemühungen der Akademie für die Europäische Kampagne haben sich gelohnt. Wir haben einen wichtigen Beitrag leisten können. Wir haben - wieder einmal - bewiesen, daß die Akademie im Rahmen ihrer wissenschaftlichen Tätigkeit Zeichen setzen kann. Entwicklungspolitik ohne wissenschaftliches Fundament ist heute und in der Zukunft nicht denkbar. Die Wissenschaft ist gerade hier zum Vordenken aufgerufen. Die Form des Ad-hoc-Arbeitskreises hat sich hier besonders bewährt, als es darauf ankam, schnell und flexibel handeln zu müssen. Das Sekretariat hat erneut seine Leistungsfähigkeit unter Beweis gestellt. Dafür haben wir zu danken.

Jörg Maier

Eine Einführung in Abgrenzung, Strukturen, Probleme und regionalpolitische Strategien zur Aufwertung dieses Raumtyps

Die Prämissen: Theoretische Grundlage, definitorische Abgrenzung und Problemformulierung

Bei aller Euphorie dieser und anderer Veranstaltungen in diesem Jahr, den ländlichen Raum in Politik und Wissenschaft besonders zu betonen, sollte nicht übersehen werden, daß es sich bei diesem Thema um ein klassisches, weil bereits vielfach in der Vergangenheit diskutiertes handelt und die Situation in den ländlichen Räumen selbst seit mehreren Jahren durch die Frage der Umsetzung von Strategien in konkrete regional- und kommunalpolitische Handlungsanleitungen geprägt ist. Die in Bayern seit zwei Jahren ausgearbeiteten Teilraum-Gutachten als neue Wege der Regionalplanung, mit ihrem Ziel der Feinkörnigkeit der Ziele des Regionalplans und der Konsensfindung unter den Betroffenen, sind dafür ein gutes Beispiel.

Da jedoch bei einem so heterogenen Begriff wie dem der ländlichen Problemräume ständig die Gefahr des Mißverständnisses gegeben ist, sei zunächst der Begriff "ländlich" einer kurzen Diskussion unterzogen. Gegenüber weiten Teilen der bisherigen, meist deskriptiven Untersuchungen zum Thema ländliche Räume, die in induktiver Vorgehensweise statistische Daten und daraus abgeleitete Indikatoren zur Erstellung von Gebietskategorien heranzogen, wobei als ein Raumtypus auch jener der ländlichen Problemräume entstand, wird in einer wachsenden Zahl von Studien - ausgehend von polarisationstheoretischen Überlegungen - in Gestalt der peripheren Räume ein deduktiver Weg gewählt. Folglich wird dabei auch eine Reduktion des Begriffs "peripher" auf die Distanzdimension als unzureichend angesehen. Ohne Zweifel wird zwar damit ein Kriterium der Benachteiligung dieser Räume, die große Entfernung und damit die höheren Transport- und Informationskosten angesprochen, es kommt jedoch damit zu wenig die teilweise erhebliche wirtschaftliche Abhängigkeit dieser Räume von Entscheidungen in den Verdichtungsräumen zum Ausdruck. Industrielle Zweigbetriebe, selbstverständlich nach Branchen, Betriebsgrößen und innerbetrieblichen Organisationsstrukturen differenziert, Einzelhandelsgroßprojekte, Hotelketten oder auch landwirtschaftliche Vermarktungsunternehmen markieren dies ebenso wie die vielfältige kulturelle Dominanz der Verdichtungsräume.

Neben dieser notwendigen Erweiterung des Begriffes "ländlicher Räume", für die regionalpolitische Zielsetzung von grundlegender Bedeutung, gilt es dann noch zu definieren, was unter Problemen dieser Räume zu verstehen ist. Dabei sollte dies - im Sinne der Betonung eines Betroffenen-Prinzips - durch die Bevölkerung dieser peripheren Räume erfolgen. Ziehen wir dazu die Ergebnisse unserer Untersuchungen im Landkreis Kronach heran, einem Raum, der 80 - 100 km vom nächsten Verdichtungsraum entfernt liegt, darüber hinaus im Zonenrandgebiet, auf drei Seiten umgeben von der Grenze zur DDR, allerdings nur mit einer Bevölkerungsabnahme von 8,1 % zwischen 1970 und 1985 versehen, unterdurchschnittlich für fränkische Verhältnisse (vgl. Karte 1), so standen dort nach Meinung der betroffenen Bevölkerung die Entwicklung des regionalen Arbeitsmarktes und die wachsenden Mängel der ÖPNV-Versorgung an erster Stelle der Probleme (vgl. Karte 2). Dies äußert sich besonders im Dilemma des Arbeitsmarktes auf der

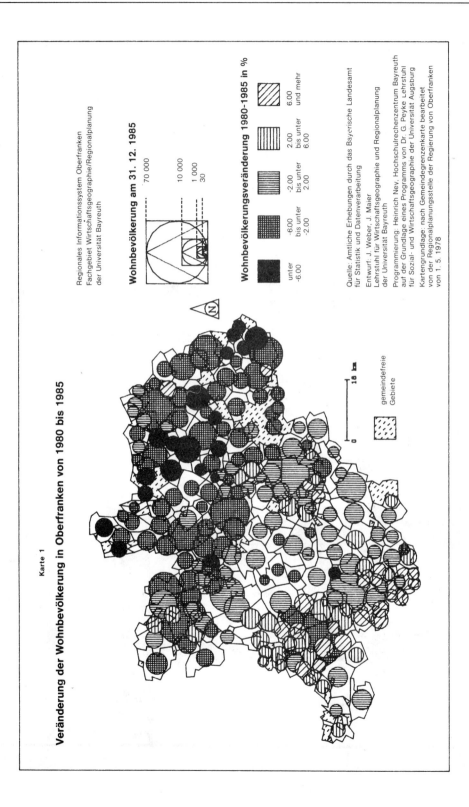

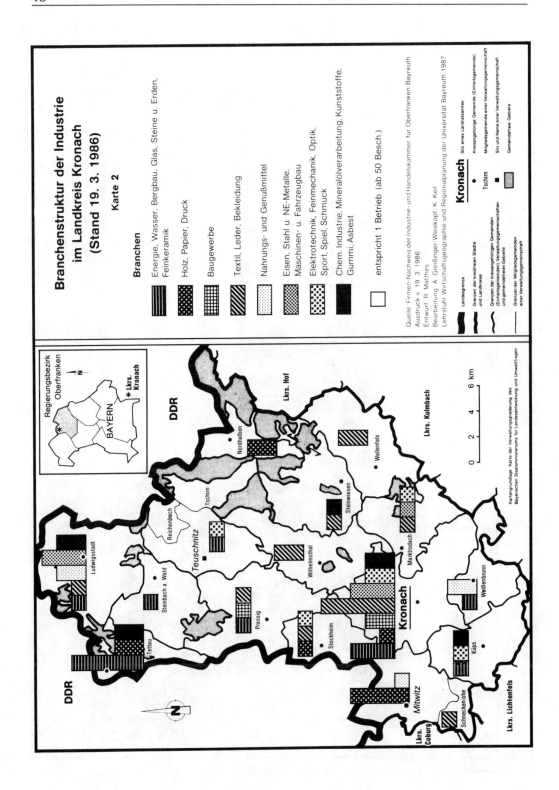

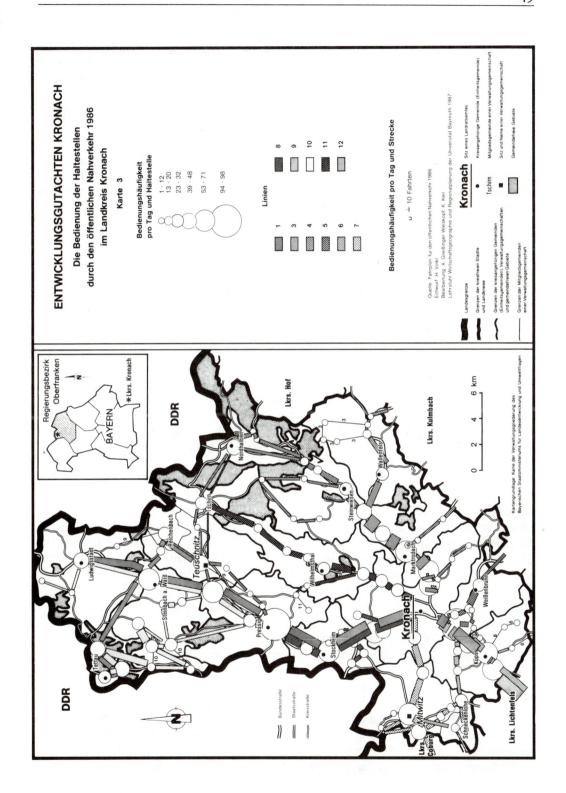

Angebots- und Nachfrageseite. Während die Arbeitnehmer die nicht ausreichend breite Palette an Arbeitsplätzen und den Mangel an beruflichen Aufstiegsmöglichkeiten kritisieren, sehen sich die Arbeitgeber vor zunehmenden Schwierigkeiten, qualifizierte Arbeitskräfte zu finden. Damit wird der These begegnet, die ländlichen Räume hätten in erster Linie nur einen Bedarf an wenig qualifizierten Arbeitsplätzen. Das Gegenteil ist der Fall (vgl. Karte 3 mit dem Beispiel international tätiger Unternehmen der Glas- und Porzellan- sowie der Elektroindustrie).

Auf dem zweiten Rang der Probleme folgen dann jene der Landwirtschaft und die zum Teil durch Ferntransporte erzeugte Umweltbelastung, mithin Probleme, die zu einem nicht unbeträchtlichen Teil von außerhalb des Raumes mitgestaltet werden, sowie Probleme aus dem Bevölkerungsrückgang und dem weitgehenden Mangel an Dienstleistungseinrichtungen.

Damit stellt sich nun die Frage nach den Zielen und Instrumenten der Regional- und - angesichts des sich wahrscheinlicherweise ab 1993 maßgeblich verstärkenden Wettbewerbs zwischen den Kommunen in Europa - auch der Kommunalpolitik, um im Sinne gleichwertiger Lebensbedingungen allzu retardierende Entwicklungstendenzen zu verlangsamen.

Regionalpolitische Konzepte, Strategien und Maßnahmen

Obwohl die bislang geltende Regionalpolitik mit ihrem Kernstück der Gemeinschaftsaufgabe "Verbesserung der regionalen Wirtschaftsstruktur" sowohl im Bereich der bürger- und der wirtschaftsnahen Infrastruktur als auch bei der Schaffung neuer Arbeitsplätze durchaus beachtliche quantitative Erfolge aufzuweisen hat, mehrte sich in den letzten Jahren nicht nur aus marktwirtschaftlicher Sicht, sondern vor allem am Export-Basis-Kriterium für die Auswahl der zu fördernden Betriebe und am Schwerpunktorte-Prinzip die Kritik.

Eine Modifizierung der Regionalpolitik sollte als Basis die peripheren Räume und ihre regionale Selbstverwirklichung haben. Sie betrifft die Ziele und Lebensumstände der in einer Region lebenden menschlichen Gruppen, steht also in engem Zusammenhang mit der jeweiligen Situation des Normen- und Wertesystems einer regionalen Gesellschaft unter Berücksichtigung der jeweiligen Besonderheiten. Die Entscheidung über die Zukunft der Region sollte in erster Linie von den davon Betroffenen gefällt werden, was nicht nur Rechte, sondern auch Pflichten im Sinne einer Strategie der Hilfe durch Selbsthilfe für die Bevölkerung mit sich bringt:

- Stärkung der Entwicklungsmöglichkeit und -fähigkeit eigener regionaler Identität,

- Förderung der Entwicklungsmöglichkeiten zur Nutzung regionaler Ressourcen mit Hilfe einer an die vorhandenen Verhältnisse angepaßten Technologie,

- Beteiligung der in der Region lebenden Gruppen an den Entscheidungsprozessen,

- Verbesserung der Leistungsfähigkeit des Verwaltungsapparates in der Region etwa durch den Auf- und Ausbau eines Marketings für öffentliche Güter, und - nicht zuletzt -

- Einbeziehung der sozialen Beziehungen und der kulturellen Verflechtungen in die regionale Politik.

So einleuchtend dieses Konzept ist und in der regionalen Praxis auch in jüngster Zeit aufgegriffen wird, das eigentliche Problem ist die Um- und Durchsetzung in konkretes Handeln aller Betroffenen.

Ansatzpunkte einer Umsetzung der Politik regionaler Selbstverwirklichung im regionalen und kommunalen Bereich

Bei der Einbindung in die regionale Förder- und Strukturpolitik sollte neben dem Bemühen um eine Reduzierung der Außenabhängigkeit der Region eine Stärkung der Entscheidungsmöglichkeiten in der Region unter Integration der Fachpolitiken, vor allem der Arbeitsmarkt-, der Energie-, der Verkehrs-, der Entsor-gungs-, der Agrar-, der Umweltschutz- und der Siedlungsstrukturpolitik gegeben sein.

Die Übertragung auf konkrete regionale Beispiele hat inzwischen gezeigt, daß insbesondere im industriell-gewerblichen Sektor bei den häufig in den peripheren Räumen vorherrschenden mittelständischen Strukturen die Chancen einer Realisierung dieser Politik besonders hoch sind. So kann man stichpunktartig einige Teilstrategien herausgreifen, die in der regionalen Praxis Anwendung finden können und auch bereits gefunden haben:

- Unterstützung für die Bildung von Kooperationen von Klein- und Mittelbetrieben aus der Region zur Stärkung der Wettbewerbschancen, etwa bei der Produktentwicklung, bei Rationalisierungsvorhaben oder der Verbesserung der regionalen Nachfrage,

- Unterstützung von Initiativen verschiedener Personengruppen bei der Auslotung von Marktnischen, Produktinnovationen und neuen Organisationsformen,

- Initiierung bzw. Schaffung von Innovations-, Transfer- und damit Informationsbörsen bis hin zum Ziel von Erfindermessen in der Region. Hier sei nur auf inzwischen bereits vorhandene Einrichtungen der Kammern oder auch der regionalen Universität verwiesen,

- Verminderung des insbesondere bei konjunkturellen Talfahrten auftretenden Eigenkapitalproblems durch die Gründung regionaler Kapitalbeteiligungsgesellschaften. Ideenreichtum und Umsetzungsbereitschaft in der Region müssen erreichen, daß das in peripheren Räumen durchaus vorhandene "venture capital" nicht in Florida oder in den Verdichtungsgebieten der Bundesrepublik Deutschland, sondern in der Region eingesetzt wird,

- Förderung innerregionaler Wirtschaftskreisläufe durch Intensivierung innerregionaler Warenströme, Auftragsbörsen und die Unterstützung regionaler Messen in ausgewählten zentralen Orten,

- Unterstützung bei der Einrichtung von regionalen Beratungs- und Betreuungsinstitutionen, der Förderung historisch gewachsener Gewerbezweige mit Wettbewerbschancen und der Errichtung von Industrie- und Handwerksmuseen zur Stärkung des regionalen Bewußtseins, ein inzwischen höchst regsamer Bereich regionaler Initiativen in verschiedenen Gemeinden.

Bei der Übertragung dieser neuen Regionalpolitik auf die kommunale Ebene muß berücksichtigt werden, daß die kommunale Wirtschaftsförderung bislang trotz der Bemühungen in der Flächenpolitik sowie im Werbe- und Imagebereich grundsätzlich eine recht stumpfe Waffe für regionale Entwicklungsimpulse in den letzten Jahren geblieben ist. Deshalb wird es in den meisten peripheren Räumen in erster Linie um die Politik der Bestandserhaltung vorhandener Wirtschaftsstrukturen gehen, strategisch also um Bestandspflege, eine Situation, die in den meisten Gemeinden noch erheblich verbessert werden kann. Daneben sollte das Ziel auf die Schaffung eines Investitionsklimas ausgerichtet sein, das insbesondere Unternehmensgründer zur Standortbindung anregt.

Da wir in den peripheren Räumen als Siedlungstyp durchaus noch vielfach das landwirtschaftlich, überwiegend durch Nebenerwerbslandwirte geprägte Dorf vorfinden, ergeben sich auch Konsequenzen für eine anstehende Dorferneuerung und Agrarpolitik. Dabei kann Agrarpolitik nur als Teil der Gesellschaftspolitik verstanden werden. Eine auf regionale Ressourcen abstellende Regionalpolitik wird auch für die Agrarpolitik Rahmensetzungen vornehmen, sei dies in Richtung kostenreduzierender Maßnahmen im dominierenden Grünlandbereich, einer Umstellung auf extensive Bewirtschaftungsformen, Chancen von Marktnischen und Möglichkeiten der Erwerbskombinationen. Regionale Regionalpolitik wird darüber hinaus in der Dorferneuerung aus der Heranziehung regionaler Möglichkeiten und auch sanfter Technologien konkrete Vorstellungen für Siedlungsstrukturen, Bauformen und -materialien, eine Baulücken-Auffüllung bzw. Umwidmung brachliegender Bausubstanz in den historischen Stadt- und Dorfkernen bzw. deren Revitalisierung und neue Ansätze in der Ver- und Entsorgung diskutieren und entwickeln müssen, bis hin zum verstärkten Aufgreifen regionaler Traditionen und der Verstärkung regionalen Bewußtseins. Vielfalt und Ideenreichtum gegen Schematisierung, Kontaktstreben anstelle von Isolation, regionale Baustoffe anstelle von Beton, Heraklit und Glasbausteinen sind gefragt.

Um dies in konkretes politisches Handeln umzusetzen bzw. zumindest die Vorbereitungen dazu zu schaffen, muß in Hinblick auf die personelle Infrastruktur das klassische Feld der Regionalplanung als verwaltende Planung verlassen werden und verstärkt die Vermittlungsaufgabe zwischen regionalen Potentialen, unternehmerischen Aktivitäten und planungsrechtlicher bzw. regionalpolitischer Beratung gesucht werden. Als Antwort auf die Frage nach den institutionellen Verankerungen, also nach der Einrichtung entsprechender neuer oder der Umwidmung vorhandener Institutionen, könnten

- informelle Koordinationsformen, wie etwa Arbeitsgemeinschaften von Stadt- und Regionalplanern, gewerblicher Unternehmen oder von Landwirten,

- privatrechtlich organisierte Träger, wie etwa regionale Entwicklungsgesellschaften,

- private Initiativen aller Rechtsformen bis hin zu Selbsthilfe-Projekten und

- der bestehenden Kammern und Wirtschaftsverbände

in Frage kommen. Dabei erscheint zumindest in Bayern die Vorstellung des Konzeptes der Regionalsekretäre, wie sie aus den Berggebieten der Schweiz bekannt ist, eine höhere Umsetzungschance zu haben, entsprechend zahlreicher formaler Verbandsstrukturen wie die in Österreich angewandte Form der Regionalbetreuer, da sie ergänzend und in Konkurrenz zu den vorhandenen Gebietsorganisationen eingerichtet werden müßte. Gleichwohl wie die Entscheidung getroffen wird, sie setzt ein anderes Denken und Handeln der öffentlichen Hand in diesem Arbeitsbereich, eben im Sinne eines Marketing für öffentliche Güter voraus, wie es bislang in der Bundesrepublik wenig zum Tragen kommt.

Jan Uhlmann

Diskussionsbericht

Herr Dr. von der Heide, meine Damen und Herren,

angesichts einer intensiven und mit sehr unterschiedlichen Beiträgen und Temperamenten geführten Fachdiskussion ist es wie immer sehr schwierig zusammenzufassen, ohne Wichtiges zu vergessen oder jemandem Unrecht zu tun. Ich bitte diejenigen Teilnehmer unserer Gruppe, die meinen, daß sie mit ihren Beiträgen in meiner Darstellung nicht angemessen berücksichtigt worden sind, darum, dies anschließend noch zu ergänzen.

Unsere Arbeitsgruppe befaßte sich nicht mit den ländlichen Räumen insgesamt, sondern in erster Linie mit den ländlichen Problemräumen. Wir haben nicht ausführlich darüber diskutiert, welche das nun genau sind. Allen war klar, daß es einen Kern peripher gelegener ländlicher Räume mit schwacher Wirtschaftsstruktur und dünner Besiedelungsdichte gibt, mit dem wir uns vorrangig befassen sollten.

Einleitend hörten wir 4 Statements. Herr Thiede führte uns in die agrarwirtschaftliche Perspektive ein. Am bemerkenswertesten, auch für die nachfolgende Diskussion, war sein Hinweis, daß innerhalb der nächsten 10 bis 15 Jahre 25 bis 30 % der heute noch bewirtschafteten landwirtschaftlichen Fläche schlicht nicht mehr benötigt werden. Wenn man sich auf die schwach strukturierten peripheren Räume konzentriert, kann man sogar damit rechnen, daß zwischen 40 und 50 % dieser Flächen nicht mehr benötigt werden. Dementsprechend wird die Zahl der landwirtschaftlichen Betriebe erheblich zurückgehen. Herr Thiede forderte konkrete regionale Aktionsprogramme, die vor dem Hintergrund von Stärken-Schwächen-Analysen konzipiert und durchgeführt werden müßten.

Herr Heinze führte uns in den Bereich der Telematik ein. Telematik umfaßt Telekommunikationsmittel in ihrer gesamten Breite - nicht nur vor dem Hintergrund der derzeitigen Postnetze, sondern auch mit Blick auf die geplante Breitbandverkabelung. Herr Heinze berichtete über die Dezentralisierungspotentiale und ihre Chancen für die abgelegenen Räume. Interessant und durchaus im Kontrast zu manchen euphorischen Einschätzungen war sein Hinweis, daß in der "ersten Runde" mit der Einführung derartiger neuer Kommunikationsmittel noch kein Strukturwandel ausgelöst wird. Wir müssen uns daran gewöhnen, die Effekte vom Zeitablauf her stark zu differenzieren. Die erste Runde trägt aber möglicherweise bereits dazu bei, bestehende Strukturen zu stabilisieren. Erst in einer "zweiten Runde" können sich dann disperse Wirkungen entfalten, wie sie etwa mit dem Stichwort "Los-Angeles-Effekt" verbunden werden. Hier können unmittelbar positive Struktureffekte für periphere ländliche Räume wirksam werden. Herr Heinze sieht vor allem Chancen in einer Stabilisierung oder Verbesserung bestimmter Dienstleistungssysteme durch Telekommunikation: ÖPNV, Postdienste, Dorfläden etc. Er hielt es für unverzichtbar, daß die Telematik mit der "Gelben Post" in der jetzigen Form ganz eng verkoppelt bleibt. Die Aufteilung der Bundespost in unterschiedliche Dienste mit der dann fehlenden Möglichkeit zur Mischkalkulation, die ja insbesondere in ländlichen peripheren Regionen ein zwingendes Erfordernis ist, würde bestimmte Versorgungsleistungen gefährden. Herr

Heinze rief dazu auf, bereits heute bei allen regionalen Entwicklungs- und Investitionsentscheidungen schon immer die Bedeutung der Telematik mit zu bedenken und sie soweit als möglich zu realisieren.

Herr Koch aus Kiel sprach über die Arbeitsgemeinschaft der Norddeutschen Bundesländer. Manchen wird seine Botschaft überrascht haben, daß die Zahl der ländlichen Problemräume in Norddeutschland doch relativ klein ist. Die undifferenzierte Markierung großflächiger ländlicher Gebiete als "Problemräume" geht nach seiner Kenntnis an der Wirklichkeit vorbei. Er führte anschließend einige Maßnahmen auf, die seines Erachtens realisiert werden müssen, um die wirklich problematischen Räume zu stabilisieren: Zum einen forderte er die Abkehr von der dörflichen Eigenbrötlerei. Des weiteren forderte er eine Ent-Spezialisierung. Ich habe zunächst gestutzt, als ich den Begriff "Ent-Spezialisierung" so positiv besetzt hörte. In den Kategorien von Wirtschaftsunternehmen ist Ent-Spezialisierung ein Konzept, durch das man leicht in Konkurrenz etwa zu Entwicklungsländern und damit eine letztlich unhaltbare Position gerät. Es wurde jedoch deutlich, daß er Ent-Spezialisierung in einem anderen Sinne meint: als Job-Kombination oder Erwerbs-Kombination. Herr Koch forderte dann - und das wurde später in der Diskussion sehr kontrovers aufgegriffen - Wanderungsgewinne für ländliche Peripherräume und sprach da insbesondere kinderlose Berufstätige, Berufssoldaten, Wochenendhausbesitzer und Rentner an. Er hielt diese Zuwanderungen für außerordentlich wichtig, weil im Zusammenhang mit der Flächenstillegung und der Entwicklung der agrarindustriellen Fertigung das Dorf als Produktionsraum in herkömmlicher Weise letztlich überflüssig wird.

Schließlich berichtete Herr Lange aus der Arbeitsgemeinschaft Hessen, Rheinland-Pfalz und Saar. Er informierte uns über Zwischenergebnisse der Arbeitsgemeinschaft, die in großen Teilen dem entsprachen, was aus Norddeutschland berichtet wurde. Die Landwirtschaft ist auch hier in ihrer wirtschaftlichen Bedeutung selbst in peripheren ländlichen Gebieten nachrangig. Es gibt heute kaum noch größere Gebiete, in denen die Landwirtschaft eine tatsächlich herausragende Rolle als Wirtschaftsfaktor spielt. Auch er forderte eine Ent-Spezialisierung im Sinne von Erwerbskombination als Strategie. Sehr positiv schätzte er die hohe sozialstrukturelle Stabilität ein. Dies war später in der Diskussion ein kontroverser Punkt.

Die sich anschließende Diskussion verlief lebhaft. Ich möchte vorab die Diskussionspunkte anführen, die unstrittig waren: Unstrittig war z.B., daß die Bedeutung der Landwirtschaft auch in den problematischen Kernräumen nachrangig ist. Es war auch unstrittig, daß es für die Menschen in diesen Räumen letztlich von überragender Bedeutung ist, wie sich die großen Zentren, zu deren Einflußgebiet sie letztlich gehören, entwickeln. Einigkeit bestand darüber, daß die Agrarpolitik trotz der insgesamt gesehen geringen Bedeutung des Wirtschaftsfaktors Landwirtschaft natürlich schon allein über den Flächenaspekt eine sehr große Rolle für die Entwicklung dieser Räume spielen wird. Es wurde in mehreren Beiträgen darüber Klage geführt, daß trotz vielfältiger analytischer Grundlagen und jahrelanger Forderungen die Einbettung der Agrarpolitik und der Agrarstrukturpolitik in eine Gesamtstrategie für diese Räume eigentlich immer noch aussteht.

Auch im Bereich der Förderpolitik bestand in großen Zügen Einigkeit: Zum einen müßten die Instrumentarien entfeinert werden. Zum anderen wird die Rolle der EG im Vergleich zu der nationaler Institutionen an Bedeutung zunehmen; die nationalstaatlichen Handlungsspielräume werden schrumpfen. Es wurde aber auch auf die einfache Tatsache hingewiesen, daß ein noch so gut und intelligent angelegtes Förderinstrumentarium letztlich wirkungslos bleibt, wenn es an geeigneten Förderanträgen fehlt. Selbst ein umfassendes Förderkonzept kann die Anträge nicht gleich mitliefern und insoweit auch nie verhindern, daß die Mittel aus Sicht der Raumordnung letztlich falsch eingesetzt werden.

Mit diesen Punkten war der allgemeine Konsens erschöpft. Eine heiße Kontroverse entspann sich um die Position "Bevölkerungsrückgang heißt Ausbluten dieser Räume, ist etwas ganz Schlechtes und muß in jedem Fall vermieden werden". Die Gegenposition lautete: Mangels wirksamer Instrumente kann diese Position gar nicht aufrechterhalten werden. Wo sollen vor dem Hintergrund global rückläufiger Bevölkerungszahlen die Menschen herkommen, die diese Räume stabilisieren sollen? Es wurde dann herausgearbeitet, daß der Begriff "Ausbluten" sehr stark wertbesetzt und von daher nicht besonders hilfreich ist, wenn die anstehenden Probleme analysiert und gelöst werden sollen.

Es gab zu diesem Thema auch eine vermittelnde Position: Wenn es denn so ist, daß in einigen Gebieten der Bevölkerungsrückgang nicht zu vermeiden ist, dann ist es auf jeden Fall wichtig, geplant und gezielt "Rückbau" zu betreiben. Dann ist es nicht vernünftig, die absehbare Entwicklung wie ein Naturereignis über sich kommen zu lassen, sondern man sollte sich frühzeitig gezielt und geplant darauf einstellen. Wenn es in sehr kleinräumigem Maßstab aus Gründen einer besonderen Standortkonstellation realistisch ist, auf Bevölkerungszuwächse zu hoffen, so sollte ein entsprechender Ausbau betrieben werden.

Ein weiterer Punkt, der nicht ganz so heftig diskutiert wurde, war die Frage nach den Zielen für die Entwicklung ländlicher Problemräume: Woher bekommen wir diese Ziele? Die eine Richtung tendierte zu einer immer weiteren Verfeinerung vorhandener Zielsysteme; wenn Ziele und absehbare Situationen offensichtlich nicht zusammenpassen, muß es darum gehen, das Zielsystem immer weiter zu spezifizieren, damit letztlich auch die Situation des "letzten Weilers" realistisch erfaßt werden kann. Die Gegenposition forderte einen grundsätzlichen Neubeginn der Zieldebatte: Wenn wir die herkömmlichen Zielsysteme immer weiter differenzieren und verfeinern, sei dies gleichbedeutend mit einem Blick in die Vergangenheit, mit dem versucht wird, die Zukunft zu bestimmen. Viel wichtiger sei es, sich unvoreingenommen klar zu machen, wie die globale Bevölkerungsentwicklung aussehen wird. Welche Forderungen können realistisch für die Landesentwicklungsplanung abgeleitet werden? Was bedeutet dies für die nachgelagerten Planungsebenen?

Bemerkenswert war auch die Kontroverse zur Einschätzung der immer wieder angeführten sozial-kulturellen Stabilität des ländlichen Raumes. Dieser Stabilität wird einerseits eine erhebliche Wirkung beigemessen, um Menschen zu halten. So wurde darauf hingewiesen, daß Arbeitslosigkeit im ländlichen Raum vor dem Hintergrund dieser sozial-strukturellen Stabilität etwas völlig anderes sei als Arbeitslosigkeit in einem Verdichtungsraum. Auf der anderen Seite wurde aber auch darauf hingewiesen, daß diese Stabilität nicht nur eine Entwicklungsbremse sein kann, sondern es im Einzelfall nachweisbar ist. Als Beispiel wurden die Einkaufsgewohnheiten genannt: Der kleinteilige örtliche Einzelhandel geht unter anderem daran zugrunde, daß die meisten Menschen sich nicht daran gewöhnen können, im Nachbarort einzukaufen, sondern im Zweifelsfall lieber eine ganz andere Alternative in der fernen Stadt wählen. Damit wird die Möglichkeit erschwert, kleine Potentiale konkurrierender Nachbarorte zusammenzufassen. Die Stabilität der Gewohnheiten führt auf diese Weise letztlich zum verstärkten Rückgang der kleinteiligen Einzelhandelsversorgung.

Es wurde auch die Frage aufgeworfen, ob es eigentlich nützlich sei, Problemräume flächenscharf abzugrenzen, sie mit einem entsprechenden Etikett zu versehen und eine gezielte, nur auf diesen Raum bezogene Förderung einzuleiten. Eine derartige Sichtweise hat sicher ihren Charme im Blick auf die Steuerung von Fördermitteln. Sie ist auch verwaltungsmäßig gut durchsetzbar. Demgegenüber wurde jedoch auch dringend davor gewarnt, derartige Etikette zu verteilen und hier sozusagen die "Fußkranken der Republik" zu stigmatisieren. Es wurden auch Beispiele genannt von Räumen, wo offensichtlich nur noch über die Situation geklagt wird und wo vor lauter Klagen die lokale Eigeninitiative völlig in den Hintergrund gerät.

Abschließend wurde gefragt, was eigentlich so neu an unserer Diskussion gewesen sei, eine auch aus meiner Sicht nicht ganz unberechtigte Frage. Was ich jedoch persönlich bemerkenswert fand, war, daß eine andere Kontroverse, die jahrelang die Diskussionen bestimmt hat, heute überhaupt nicht mehr auftauchte: die Diskussion über aktive oder passive Sanierung. Die Sichtweisen und argumentativen Ansatzpunkte haben sich ganz offensichtlich stark differenziert und verfeinert. Der Forschungsbedarf wird heute vor allem umsetzungsorientiert gesehen: Welches sind die bestehenden Entwicklungsrestriktionen? Welches sind die Umsetzungserfordernisse? Welches sind die Ziele, die entwickelt werden müssen? Dies alles steuert sehr stark in Richtung auf eine Verstärkung der Rolle der Wissenschaft als problemorientierte Beraterin der Politik. Wir würden uns freuen, wenn diese Sichtweise in den weiteren Beratungen der Akademie ergebnisorientiert weitergeführt werden könnte.

Hans-Gottfried von Rohr

Einführung

In Abstimmung mit der Arbeitsgruppe 1 beschäftigt sich die Arbeitsgruppe 2 primär mit verdichteten, industriell geprägten und/oder großstädtischen Regionen. Es fällt auf, daß das Thema dennoch ganz allgemein formuliert ist: "Räume im Strukturwandel". Dahinter verbirgt sich eine Tatsache, die leicht übersehen wird: Bei aller Entwicklung, die in ländlichen, insbesondere schwachstrukturierten Regionen in den vergangenen 30 bis 40 Jahren vor sich gegangen ist, sind die Grundprobleme in den meisten Fällen erstaunlich konstant geblieben. Vergleicht man die Diskussionen, die in der Akademie für Raumforschung und Landesplanung in den 50er Jahren über entwicklungsschwache ländliche Regionen geführt wurden, mit den heutigen Themen, so haben sich zwar die Strategien und Instrumente und vor allem die Vokabeln gewandelt, mit denen sie bezeichnet werden, auch gibt es in einzelnen Regionen z.T. erhebliche Entwicklungserfolge, nicht geändert hat sich jedoch die Grundkonstellation des permanenten Rückstands gegenüber dem, was man eigentlich schon erreicht haben wollte.

Vergleicht man demgegenüber die Diskussion der 50er Jahre mit der der 80er Jahre im Blick auf die Verdichtungsräume, so hat es in der Zwischenzeit echte Überraschungen gegeben. 1955 mußte man schon sehr weitsichtig sein, um beispielsweise Dortmund oder Duisburg, Hamburg oder Bremen die Zukunft vorherzusagen, in der diese Städte heute leben. Und genauso hat man sich die Entwicklung von München und Stuttgart kaum vorstellen können. Hier ist es zu fundamentalen Wandlungen in den strukturbeeinflussenden Faktoren und damit in den Entwicklungsergebnissen gekommen: Räume im Strukturwandel - wenn auch mit sehr verschiedenen Vorzeichen.

Es ist nicht neu darauf hinzuweisen, daß es innerhalb dieses Strukturwandels und der davon betroffenen Regionen zumindest 2 Grundkategorien gibt - einerseits Regionen, in denen die Entwicklungsziele eher überschritten werden, in denen also primär ordnungspolitisches Abfedern und Eingrenzen erforderlich ist (z.B. München), andererseits Regionen, in denen die Meßlatte tendenziell weiter nach unten oder die Ziellinie weiter in die Zukunft geschoben werden muß. Hier geht es um Entwicklungsstimulation, teilweise auch um das Durchbrechen von selbstverstärkenden Abwärtsprozessen. Um diese zweite Kategorie geht es primär in der Arbeitsgruppe 2, die sich z.B. mit Ruhr oder Saar, Bremen, Hamburg oder Siegerland zu beschäftigen hat.

Was die regionalen Leitbilder und Handlungskonzepte der Problembewältigung betrifft, bestehen seit jeher keinerlei Meinungsverschiedenheiten darüber, daß sie nur aus der regional gegebenen Struktur und Entwicklungsdynamik heraus entwickelt werden dürfen - daß sie also, wie es heute heißt, "angepaßt" zu sein haben -, um eine Realisierungschance zu besitzen. Gerade die "Problem-Verdichtungsräume" haben jeweils ganz individuelle

- Problemursachen;

- Relationen zwischen "problematischen" Strukturbestandteilen und "angenehmen" Gegebenheiten wie prosperierende Branchen, unbelastete Landschaften etc.;

- Verläufe in der Problementwicklung.

Dementsprechend individuell müssen die Lösungskonzepte sein.

Wir wissen nur alle, daß Ziel- und Leitbilddiskussionen solange Theorie bleiben, wie sie nicht durch konkrete Maßnahmen ausgefüllt werden. Erst dadurch werden Ziele wirklich operational. Und hier kommt man zu einer grundlegenden Ungereimtheit regionaler Entwicklungspolitik: Der überall akzeptierten Forderung nach regional angepaßten Entwicklungsstrategien müßte, zumindest vom Grundsatz her, eine entsprechend regionalisierte Maßnahmeverantwortung gegenüberstehen. Dies ist jedoch nur in Grenzen der Fall. Es stellt sich die Frage, ob diese Grenzen möglicherweise bisher zu eng gezogen sind.

In den ländlichen Regionen der Arbeitsgruppe 1 ist dies meiner Auffassung nach eine Ursache dafür, daß die regionalen Entwicklungskonzepte bei aller regionalen Individualität landauf, landab relativ uniform aussehen. Aber auch für verdichtete Problemregionen fragt sich, ob eine Voraussetzung für erfolgreiche Problembewältigung nicht auch ein Mehr an Eigenverantwortung im Maßnahmeeinsatz und vielleicht sogar in der Entwicklung von Steuerungsinstrumenten sein müßte. Dies klingt selbstverständlich sehr theoretisch und ist es auch. Mir sind die Mechanismen der Instrumentejustierung und des Maßnahmeeinsatzes im Zusammenspiel von Bund, Land und Gemeinde sehr bewußt. Dennoch möchte ich an einem Beispiel zum Nachdenken darüber anregen, ob nicht durchaus ein Mehr an regionaler Ergebnisverantwortung vorstellbar ist.

Die Stadtstaaten Hamburg und Bremen gelten gemeinhin als nur historisch erklärbare Unikate, die zwar offiziell nicht mehr in ihrer Eigenstaatlichkeit in Frage gestellt werden, die aber - eigentlich - aus dem üblichen Rahmen der Raumentwicklungsorganisation herausfallen. Dies ist letztlich auch objektiv der Fall, was gelegentlich als störend empfunden wird. Eines allerdings ist unbestreitbar: Hamburg und Bremen verfügen über ein Höchstmaß an regionaler Eigenverantwortung, da nicht nur das kommunale, sondern auch das gesamte Landesinstrumentarium der Raumentwicklungssteuerung regionsspezifisch eingesetzt werden kann. Daß das jeweilige Umland der Stadtstaaten anderen Ländern zuzurechnen ist, was zu einigen Problemen führt, die mit der skizzierten Tatsache im Grundsatz nichts zu tun haben, klammere ich gedanklich einmal aus.

Würde man das angesprochene Grundprinzip auf beispielsweise Nordrhein-Westfalen übertragen, so hieße dies: Sowohl für die Region Aachen als auch für beispielsweise das Siegerland oder den Verdichtungsraum Bielefeld/Herford würden jeweils andere eigenverantwortliche Gremien über den Einsatz, vielleicht sogar in einigen Punkten über die Ausformulierung der Landesinstrumente von der Gebietsentwicklungsplanung über die Stadtentwicklungsplanung bis hin zur Wirtschaftsförderung oder Grün- und Freiraumplanung entscheiden, ohne daß ihnen von Landesparlamenten und -ministerien Vorschriften gemacht würden, die darüber hinausgingen, den Bundes- und Landesrahmen zu beachten. Gleiches wäre für das westliche, mittlere und östliche Ruhrgebiet zu denken. Es scheint mir realistisch zu sein, davon auszugehen, daß dabei deutlich stärker divergierende Entwicklungspolitiken entstehen würden, als dies heute der Fall ist, und vermutlich auch den jeweiligen Problem- und Lösungschancen angepaßtere Politiken. Den Regionalpartikularismus, der fast automatisch entstehen würde, sollte man in seiner Kreativität jedenfalls nicht unterschätzen.

Worauf will ich mit diesem Denkspiel hinaus? Selbstverständlich kann es nicht darum gehen, Nordrhein-Westfalen oder den Oberrheingraben in eine Serie von Stadtrepubliken zu verwandeln. Ich möchte jedoch vor diesem Hintergrund dazu anregen, sich immer wieder die Frage zu stellen, ob nicht eine Dezentralisierung der Instrumente- und Maßnahmeverantwortung innerhalb der Länder zu konsequenteren, weil regionsspezifischeren Problemlösungen führen könnte.

Selbstverständlich kann man sich fragen, ob denn nun Hamburg, Bremen oder das Saarland weniger Probleme als das Ruhrgebiet haben, obwohl es wiederum schwer sein dürfte, die Schwierigkeiten, mit denen Hamburg, Bremen und das Saarland zu kämpfen haben, gerade ursächlich auf das Prinzip der Eigenstaatlichkeit im regionalen Rahmen an sich zurückzuführen, also zu begründen, daß es beispielsweise Hamburg und Bremen im Verbund eines Nordstaates heute "besser" ginge. Lassen sich nicht aber doch die notwendigen "Grausamkeiten", die im Rahmen einer tiefgreifenden Wirtschaftsumstrukturierung unvermeidbar sind, im Instrumenteverbund eines größeren Landes besser bewältigen? Ich will gar nicht bestreiten, daß das letzte Argument sehr wichtig ist, wenn es darum geht, Nachteile einer Verantwortungsregionalisierung zu erfassen. Auch würde man davon auszugehen haben, daß sich manche Instrumentarien, z.B. die der regionalen Wirtschaftsförderung, des Verkehrswegebaues, der Agrarpolitik oder des Städtebaues regional sehr weit auseinander entwickeln würden, insbesondere dann, wenn man nicht nur die finanzielle Dotierung, sondern auch die Förderungstatbestände selbst regionaler Willensbildung überließe. Nur: Die Tatsache der Auseinanderentwicklung an sich sollte nicht als Gegenargument verstanden werden. Denn allein eine regionale Unterschiedlichkeit in Leitbildern, raumbedeutsamen Instrumenten und ihrem Einsatz hat noch nichts mit Verzerrung überregionaler Standortbedingungen, volkswirtschaftlich unsinniger Regionenkonkurrenz oder Verzicht auf das Gleichwertigkeitspostulat der Raumordnung zu tun. Man kann sich mit guten Argumenten auch auf den umgekehrten Standpunkt stellen, daß - beispielsweise in der Gemeinschaftsaufgabe zur Verbesserung der regionalen Wirtschaftsstruktur - die bundeseinheitliche Formulierung der Förderungstatbestände gerade die Konkurrenz zwischen den Regionen um dieselben Potentiale unnötig anheizt und gerade erschwert, daß sich jede Region auf ihre individuellen Entwicklungschancen konzentriert.

Auch wenn man die Auseinanderentwicklung der raumbedeutsamen Instrumente und Maßnahmen in den einzelnen Regionen sehr weit gehen ließe, was ohne Veränderung der Landesverfassungen und auch des Grundgesetzes im übrigen z.Z. auch an enge formale Grenzen stieße, sollte man darin auch die sich bietenden Chancen sehen. Die Schweiz, um ein weiteres Beispiel zu nennen, nutzt diese Chancen wesentlich stärker als die Bundesrepublik. Es ist sehr beeindruckend, mit welch institutionalisierter Bürgernähe und mit welcher Unempfindlichkeit gegenüber selbst abrupten Kontinuitätsbrüchen an Kantonsgrenzen die Schweizer ihre Regionalentwicklung gestalten. In diesem Zusammenhang fällt nicht selten das Stichwort "Kantönligeist". In diesem Wort steckt jedoch möglicherweise mehr Positives, als diejenigen sahen, die den Begriff ursprünglich prägten. Wenn man in der Bundesrepublik über regional angepaßte Entwicklung spricht, sollte man sich verdeutlichen, daß man zumindest implizit derartiges auch für einzelne Regionen der Bundesrepublik nicht ausschließt. Da die Entwicklungsergebnisse in der Schweiz ja keineswegs schlecht sind, möchte ich dazu anregen, auch explizit darüber zu diskutieren.

Hans Joachim Schalk

Diskussionsbericht

Die Arbeitsgruppe 2 beschäftigte sich primär mit den Problemen agglomerierter, (alt)-industrialisierter, großstädtischer Regionen. Darunter sind ganz grob die Räume Ruhr und Saar, die Stadtstaaten Bremen und Hamburg sowie die Gebiete Westpfalz und Siegerland zu fassen. Gegenüber den ländlich strukturierten Gebieten, in denen das Regionalproblem hauptsächlich in einem permanenten Rückstand gegenüber den gesetzten Zielen besteht, sind die Probleme der hochverdichteten Räume durch schockartige, überraschende Entwicklungsänderungen entstanden bzw. durch diese verschärft worden. Der Arbeitskreis beschäftigte sich mit

1. der Bestandsaufnahme der wichtigsten Entwicklungsprobleme in diesen Gebieten,

2. der Abschätzung der zukünftigen Entwicklung unter Status-qou-Bedingungen,

3. möglichen wirtschaftspolitischen Konzeptionen und Strategien zur Lösung der wirtschaftlichen Probleme in diesen Regionen.

Zur Einführung in die Thematik dienten neben dem von Dr. H.-G. v. Rohr vor dem Plenum gehaltenen Vortrag drei weitere Kurzvorträge im Arbeitskreis.

Dr. Thiel zeigte in seinem Vortrag die norddeutschen Tendenzen im Wachstum, Strukturwandel und in der Qualifikation der Arbeitskräfte auf. Das wirtschaftliche Wachstum verläuft in Norddeutschland seit längerer Zeit langsamer als im übrigen Bundesgebiet, wobei die beiden Stadtstaaten die größten Wachstumseinbußen haben hinnehmen müssen. Nach den Prognosen der LAG Norddeutsche Bundesländer wird die Geschwindigkeit des Wirtschaftswachstums im Norden bis zum Jahre 2000 gering bleiben und nicht ausreichen, die Zahl der Arbeitslosen zu verringern. Unter Status-quo-Bedingungen wird die Arbeitslosigkeit mit ca. 700 000 unverändert hoch bleiben.

Gleichzeitig mit dem geringeren Wirtschaftswachstum hat sich in Norddeutschland, wie im gesamten Bundesgebiet, ein Strukturwandel zu Lasten der Industrie und zugunsten des Dienstleistungsbereichs vollzogen. Diese Entwicklung wird sich durchsetzen. In einer Beschleunigung dieses Strukturwandels, gekoppelt mit möglichst hohen innovativen Investitionen in "Zukunftsbranchen" des Dienstleistungsbereichs und anderer Bereiche mit arbeitsintensiver Produktionstechnik, besteht die Chance einer Reduzierung der Arbeitslosigkeit. Dadurch werden nämlich besonders viele (weil arbeitsintensive) und sichere (weil innovative) Arbeitsplätze geschaffen. Allerdings warnt Thiel: Was heißt "Zukunftsbranche"? Was heute "Zukunft" hat, kann morgen schon im Niedergang begriffen sein.

Ein solcher Strukturwandel setzt allerdings nicht nur Investitionen, sondern auch eine entsprechende Mobilität, Flexibilität und Qualität des Faktors Arbeit voraus. Aufgrund der zunehmenden Alterung des Arbeitskräftepotentials wird allerdings die Mobilitätsbereitschaft bis zum Jahre 2000 abnehmen. Aus der verminderten Mobilität resultiert ein erhöhter Lohnkostendruck für die Unternehmen: Arbeitnehmer mittlerer und älterer Jahrgänge können nicht mehr durch jüngere Mitarbeiter ersetzt werden; die Qualifikation der Belegschaft wird sich nicht mehr so leicht durch die Einstellung frisch ausgebildeter Arbeitskräfte verbessern lassen, so daß die Unternehmen in Zukunft selbst verstärkt in die Ausbildung ihrer Arbeitnehmer investieren müssen.

Trotz der vielfach geforderten Verminderung staatlicher Einflüsse sieht deshalb Thiel in den Bereichen "Bildung", "Ausbildung" und "Fortbildung" einen Bedarf erheblicher öffentlicher Aktivitäten in der Zukunft. Das Angebot an Infrastruktureinrichtungen in diesen Bereichen dürfte zukünftig als Standortfaktor für Unternehmen, aber auch für Arbeitskräfte immer mehr an Bedeutung zunehmen.

Dr. Pohle resümierte einige Ergebnisse des von Prof. Eckey geleiteten Arbeitskreises "Regionale Arbeitsmarktprobleme", der seine Arbeiten gerade beendet hatte, im Hinblick auf die der Arbeitsgruppe 2 gestellte Problematik. Es seien nur zwei Resultate herausgestellt, die auch bereits in den "Statements" von Thiel und v. Rohr angesprochen wurden und für die zukünftige regionale Strukturpolitik in den vom Strukturwandel betroffenen Räumen richtungsweisend sein können: Für die langfristige Entwicklung der Regionen spielt das Humankapital eine entscheidende Bedeutung. Es muß deshalb ständig neu und besser qualifiziert werden. Die Ursachen der regionalen Probleme folgen keinem "global" einheitlichen Schema, sondern sind "regionsspezifisch". Ihre Lösung verlangt deshalb "maßgeschneiderte", "regionsspezifische" und "regional eigenverantwortete" Konzepte. Es bestehen allerdings teilweise konträre Ansichten über die zu verfolgenden Politikansätze: Auf der einen Seite wird ein regionsspezifisches "policy-mix" alter und neuer Instrumente der Arbeitsmarkt- und Regionalpolitik vorgeschlagen. Andererseits wird eine völlige Abkehr von der bisherigen Strategie der privaten Investitionsförderung und eine Verlagerung der Förderpolitik in die Regionen und auf die infrastrukturellen Bereiche sowie eine stärker "rahmensetzende Raumordnungspolitik" befürwortet.

Als dritter Redner beschäftigte sich Ministerialdirektor Dr. Pflaumer vom Bundesministerium für Raumordnung, Bauwesen und Städtebau mit der wirtschaftlichen Entwicklung des Ruhrgebietes. Er legte Wert auf die Feststellung, als Mitglied der Akademie und nicht als Repräsentant des Bundesministeriums zu sprechen. Seine Ausführungen lassen sich zu folgenden Thesen zusammenfassen:

1. Das Ruhrgebiet ist in der Vergangenheit dem Strukturwandel zu defensiv begegnet. Die Entwicklung neuer Technologien hat den Strukturwandel beschleunigt. Im Ruhrgebiet wurden die Konsequenzen aus dieser Entwicklung - Abkehr von der Massengüterproduktion, Zunahme produktionsorientierter Dienstleistungen, steigende Bedeutung des Humankapitals - nicht gezogen. Gleichzeitig zeigten sich die (finanziellen) Grenzen für die Gewährung von Strukturhilfen.

2. Das Ruhrgebiet verfügt über hervorragende Potentiale. Es hat eine günstige geographische Lage, es verfügt über beste Infrastruktur, es ist eine hervorragende Industriekultur (Maschinenbau, Chemie) vorhanden. Mit diesen Potentialen müßte der Strukturwandel grundsätzlich bewältigt werden können.

3. Der Verbesserung der Umweltbedingungen kommt entscheidende Bedeutung für die Standortqualität des Ruhrgebiets zu. Die wirtschaftspolitischen Akteure des Ruhrgebiets müssen

die Änderungen in den Standortanforderungen der Unternehmen erkennen, die "schöne" Standorte bevorzugen. Die Stadterneuerung bietet z.B. große Möglichkeiten zur Verbesserung des Standorts. Dabei sollten Projekte gefördert werden, die auf die Region "ausstrahlen", damit man "sehen" kann, wo und daß etwas geschieht. Ein weiterer wichtiger Standortfaktor, an dem es im Ruhrgebiet mangelt, ist die Verfügbarkeit an Flächen, sowohl in quantitativer als auch qualitativer Hinsicht. Diese Flächenengpässe müssen beseitigt werden.

4. Die Gemeinschaftsaufgabe "Verbesserung der regionalen Wirtschaftsstruktur" hat bisher nicht schlecht gewirkt, aber jetzt ist sie "alt" und sollte durch neue Formen der regionalen Strukturpolitik ersetzt werden. Ihre Fixierung auf Großbetriebe war nachteilig, besser ist die Förderung kleiner und mittlerer Betriebe. Die bisherige Form der Subventionierung von Investitionen hat sich im Ruhrgebiet wie eine "Droge" ausgewirkt, welche die Bevölkerung eher "gelähmt" und sie nicht dazu veranlaßt hat, "selbst" etwas zu tun. Die zukünftigen Strukturhilfen sollten "Hilfen zur Selbsthilfe" sein. Die bisherige Zentralisierung der regionalen Strukturpolitik war verfehlt. Die Regionalpolitik ist zu regionalisieren, die Eigenverantwortung der Region für ihre wirtschaftliche Entwicklung zu stärken. Die Initiative zur Durchführung von Projekten muß aus der Region selbst heraus, von "unten", kommen. Erst dann, wenn Projekte geplant sind, sollten Programme zu ihrer Förderung entwickelt werden.

Der Leiter der Arbeitsgruppe, Prof. Dr. G. Turowski, faßte die abgegebenen Statements zu drei Komplexbereichen zusammen: Bestandsaufnahme der wirtschaftlichen Entwicklung in den jeweiligen Problemregionen, die voraussichtliche Entwicklung der Regionen unter Status-quo-Bedingungen sowie Konzeptionen und Strategien. Herr Turowski stellte fest, daß es zu den ersten beiden Komplexen keinen Dissens gab und schlug deshalb vor, die Diskussion auf den Komplex "Konzeptionen und Strategien" zu konzentrieren, zu dem die Kurzberichte und der Vortrag von Dr. v. Rohr vor dem Plenum bereits eine Menge von Anregungen geliefert haben. Das Ergebnis dieser Diskussion läßt sich in folgenden Schwerpunkten zusammenfassen:

1. Die Eigenverantwortung der Regionen muß verstärkt werden. Die regionsspezifischen Besonderheiten der wirtschaftlichen Probleme verlangen auch regionsspezifische bzw. regional angepaßte Strategien. Die verantwortlichen regionalpolitischen Akteure "vor Ort" sind besser in der Lage, zu erkennen, wo die Probleme der regionalen Entwicklung liegen und welche Maßnahmen zu ihrer Lösung am besten ergriffen werden. Deshalb soll den Regionen mehr Verantwortung übertragen und eine Dezentralisierung der regionalen Strukturpolitik betrieben werden. Hierbei ist aber auch dafür Sorge zu tragen, daß den Regionen genügend eigene finanzielle Mittel zur Erfüllung ihrer Aufgaben zur Verfügung stehen. Im Grunde handelt es sich bei diesem Vorschlag um eine Veränderung der regionalen Strukturpolitik, wie sie vom Sachverständigenrat zur Begutachtung der gesamtwirtschaftlichen Entwicklung bereits 1984 unter dem Stichwort "Regionalisierung der Regionalpolitik" und in seinem letzten Gutachten des Jahres 1988 für das Ruhrgebiet angeregt wird. In der Diskussion ergab sich aber Konsens darüber, daß eine Regionalisierung für bestimmte Politikbereiche, wie z.B. Verkehrspolitik und Umweltpolitik, ausgenommen werden sollte.

2. Die Regionalförderung soll stärker auf den Bereich der Infrastruktur verlagert werden. Die bisherige Förderung der privaten Kapitalbildung durch die Gewährung der finanziellen Investitionsanreize soll so weit wie möglich eingestellt werden. Begründet wird diese Umstrukturierung

der regionalen Strukturpolitik nicht mit der Unwirksamkeit der selektiven privaten Investitionsförderung (Mitnahmeeffekte), sondern mit folgenden Argumenten:

- Im Infrastrukturbereich besteht ein erheblicher Modernisierungsbedarf.

- Neue Infrastruktureinrichtungen z.B. im Bereich der Kommunikation und Information (Stichwort: Telematik) gewinnen immer mehr an Bedeutung.

- Von der Förderung der Infrastruktur profitieren im Gegensatz zur selektiven Investitionsförderung alle Unternehmen. Dadurch wird der "Boden" für private Investitionen bereitet.

- Durch die Verlagerung der Förderung auf den Infrastrukturbereich wird der in letzter Zeit verschärfte Konflikt mit der regionalen Strukturpolitik der Europäischen Gemeinschaft vermieden.

- Mit der bisherigen privaten Investitionsförderung hält der Staat die Unternehmen zum Investieren an, haftet aber nicht im Falle eines Mißerfolgs der getroffenen Investitionsentscheidungen.

3. Ein wichtiger Schwerpunkt der Regionalförderung soll der Bereich Bildung, Ausbildung und Fortbildung sein. Es wird nicht zuwenig ausgebildet, sondern falsch ausgebildet. Gerade in strukturschwachen Regionen mit hoher Arbeitslosigkeit fehlt es an gut ausgebildeten Arbeitskräften. Das Angebot an Bildungskursen steht nicht in Einklang mit dem Bedarf vor Ort. Gefragt sind deshalb "Integrierte regionale Ausbildungskonzepte". Zu dieser Thematik sollte ein neuer Arbeitskreis gebildet werden.

4. Zur Entwicklung eines neuen Strategiekonzepts für die regionale Strukturpolitik in der Bundesrepublik könnten auch Informationen darüber wertvolle Dienste leisten, wie andere Länder den Strukturwandel alter Industriegebiete zu bewältigen versuchen. Welche regionalen Entwicklungsstrategien werden dort verfolgt, und wie haben sie sich bewährt? Welche Konsequenzen lassen sich auf der Grundlage der ausländischen Erfahrungen für ein geändertes Konzept der regionalen Strukturpolitik in der Bundesrepublik ableiten? Auch hier besteht noch ein Mangel an geeigneten wissenschaftlichen Untersuchungen.

5. Die Schwerfälligkeiten im administrativen Bereich sollten beseitigt werden. Der Genehmigungsattentismus und sonstige administrative Hemmnisse führen zu einer erheblichen Verzögerung von (Bau-)Investitionen. So liegen z.B. zwischen der Planung und dem Bau einer Abfallbeseitigungsanlage bis zu 10 Jahre. Solche Regulierungsmaßnahmen machen sich gerade in den hochverdichteten Regionen negativ bemerkbar. Es ist deshalb nach Möglichkeiten von Deregulierungen zu suchen, die den notwendigen Strukturwandel in diesen Gebieten beschleunigen helfen.

In der Kürze der zur Verfügung stehenden Zeit konnten nur diese wenigen Aspekte für eine zukünftige Neugestaltung der regionalen Strukturpolitik in den vom Strukturwandel betroffenen Räumen diskutiert werden. Einige Vorschläge sind nicht neu und werden in der Öffentlichkeit bereits gegenwärtig diskutiert. Sie sollten weiter verfolgt und konkretisiert werden.

Die Arbeitsgruppe hofft aber auch, darüber hinaus einige Anregungen für eine neue Regionalpolitik gegeben zu haben, und empfiehlt, diese in den entsprechenden Arbeitskreisen aufzugreifen und tiefergehender wissenschaftlicher Analysen zu unterziehen.

VIKTOR FRHR. VON MALCHUS

Einführung: Regionale Entwicklungsperspektiven für Grenzräume innerhalb der EG

Zum Problem

Auf dem Wege zu einer Europäischen Union gibt es noch viele Hindernisse zu überwinden. Die Grenzen sind derartige Hindernisse mit räumlichen Wirkungen, auch noch nach 1992 im großen europäischen Binnenmarkt. Europa wächst an den Grenzen zusammen. Die Grenzgebiete sind in gewisser Weise Experimentierfeld und können Modell für die europäische Integration sein. Dieses Experimentierfeld hat innerhalb der EG einen Flächenanteil von rd. 25 % der Gesamtfläche und einen Bevölkerungsanteil von mehr als 20 % der Gesamtbevölkerung.

Zwecks Einführung in die Thematik der Arbeitsgruppe über die staatsgrenzenübergreifende Zusammenarbeit erscheint es wünschenswert, dabei von fünf wissenschaftlich orientierten praktischen Fragen auszugehen, die zusammen mit einer Reihe von Unterfragen gute Ausgangspunkte der folgenden Diskussion sein können. Es sollen aber nicht nur Fragen gestellt, sondern zugleich auch erste Antworten gegeben werden.

Entwicklungskonzeptionen für Grenzräume innerhalb der EG?

Wenn zunächst als erste Frage das Thema analysiert wird, muß erörtert werden, ob ''Regionale Entwicklungsperspektiven für Grenzräume'' sich wirklich nur auf Grenzräume innerhalb der EG, d.h. auf Grenzräume beiderseits der EG-Binnengrenzen beziehen sollen oder ob es sich um Entwicklungsperspektiven für grenzübergreifende Regionen handeln soll und muß? Einem Praktiker der grenzüberschreitenden Zusammenarbeit fällt die Antwort hierauf relativ leicht. Es sollten in der Regel die grenzübergreifenden Zusammenhänge und Entwicklungserfordernisse betrachtet werden und diese nicht nur innerhalb der EG an den Binnen- und Außengrenzen, sondern auch im Hinblick auf die grenzübergreifenden Entwicklungserfordernisse an den Außengrenzen der EG, z.B. an den Grenzen zur Deutschen Demokratischen Republik, zu Österreich und zur Schweiz.

Präsident Hoppenstedt hat in seinem gestrigen Vortrag über die Entwicklungsaussichten in Niedersachsen bereits auf die unterschiedlichen Entwicklungsbedingungen an den EG-Binnengrenzen im Raume Ems - Dollart und an der an der EG-Außengrenze liegenden DDR-Grenze im Raum Lüchow-Dannenberg hingewiesen.

An die generelle Themenstellung schließt sich eine weitere Frage an: Soll man bei der Erarbeitung von Entwicklungskonzepten für Grenzregionen von bestimmten Typen (ländlich-, hochverdichtete- oder altindustrialisierte Grenzräume etc.) ausgehen oder besser von konkret abgegrenzten verwaltungsbezogenen und funktional zusammengehörenden grenzüberschreitenden Räumen? In der Regel wird hier von Funktionsräumen (Mittel- und Oberbereichen) auszugehen sein, wobei dann die unterschiedlichen Raumtypen (z.B. ländliche Räume in der

Nähe von Verdichtungsräumen) berücksichtigt werden sollten. Dabei sollte den Gründen für fehlende grenzüberschreitende Verflechtungen nachgespürt werden.

Darüber hinaus wäre zu fragen, wie eine Entwicklungskonzeption aussehen soll, wenn föderal und zentral organisierte Staaten an der Grenze aufeinandertreffen? Nach der bisherigen Praxis im Rahmen "Grenzüberschreitende Entwicklungs- oder Aktionsprogramme" soll in jedem Fall, und dies ist vor allem die Auffassung der EG-Kommission, die grenzübergreifende Region mit ihren nationalen Teilräumen die Programme aufstellen und durchführen.

Spezielle Entwicklungskonzepte und Entwicklungsperspektiven für Grenzräume/Grenzregionen?

Entgegen weit verbreiteter Auffassung muß man feststellen, daß der große gemeinsame Binnenmarkt der EG auch nach 1992 noch immer die Wirkungen der früheren Grenzen spüren wird. An den Grenzen stoßen dann immer noch, und dies gilt voraussichtlich noch für viele Jahre, unterschiedliche Strukturen und Systeme zusammen, wie etwa:

- unterschiedliche Rechtssysteme;

- verschiedene Verwaltungsstrukturen;

- andersartige, durch die Politik entwickelte Wirtschaftsformen (z.B. Landwirtschaft) und Verkehrssysteme (Eisenbahn), Normen und Finanzsysteme;

- auseinanderentwickelte Kulturkreise, vor allem gekennzeichnet durch verschiedene Sprachen und Bildungssysteme.

Die Grenzgebiete brauchen deshalb eine besondere Politik, die in voller Absicht die künstlichen Trennungslinien bewußt übergeht, die tatsächlich die Grenzen öffnet und die in den Nationalstaaten darauf hinwirkt, daß die negativen Grenzwirkungen im großen Binnenmarkt langsam durch Harmonisierung der unterschiedlichen Systeme abgebaut werden, allerdings unter Beibehaltung erhaltenswerter regionaler Besonderheiten.

Wie können und sollten regionale Entwicklungsperspektiven der Raumordnung erarbeitet werden?

Bei dieser Frage stehen zwei Teilfragen im Vordergrund der Überlegungen:

- Wie können verbesserte rechtliche Grundlagen für die grenzüberschreitende Zusammenarbeit geschaffen werden?

- Wie kann über die Grenzen hinweg eine gemeinsame Raumplanung angestrebt werden?

Die Schaffung verbesserter rechtlicher Grundlagen für die grenzüberschreitende Zusammenarbeit erfolgt in vielen europäischen Staaten als permanenter Prozeß; dafür zwei, drei Beispiele.

Die europäischen Staaten folgen z.B. vor allem der "Europäischen Rahmenkonvention zur verbesserten grenzüberschreitenden Zusammenarbeit der Gebietskörperschaften", die vom Europarat zu Beginn der 80er Jahre beschlossen worden und bis heute lediglich mit Hilfe eines internationalen Anwendungsgesetzes in den Benelux-Staaten anwendbar ist. Die Niederlande und Nordrhein-Westfalen bemühen sich derzeit um ein derartiges Anwendungsgesetz, mit dessen Hilfe dann Rechtsunsicherheiten bei der Zusammenarbeit der Gemeinden an den Grenzen beseitigt werden können. Dieses Gesetz kann voraussichtlich 1989 in Kraft treten.

Auch in der Verordnung des Rates der EG "über Aufgaben und Effizienz der Strukturfonds und über die Koordinierung ihrer Interventionen ..." vom Juni 1988 werden die Probleme der Grenzregionen angesprochen. Einschlägige Bestimmungen, die aber noch genau geprüft werden müssen, machen unter bestimmten Bedingungen Regionalförderung durch die EG auch in den Grenzgebieten zukünftig möglich.

Nicht zuletzt die Novellierung des ROG in der Bundesrepublik Deutschland sieht im 4 eine verstärkte grenzüberschreitende Zusammenarbeit vor. Dort heißt es: "Bei Planungen und Maßnahmen, die Auswirkungen auf die Nachbarstaaten haben, soll für eine gegenseitige Unterrichtung und Abstimmung der geplanten Maßnahmen Sorge getragen werden." Diese Formulierung sieht zunächst sehr schwach aus. Wenn man aber unter gegenseitiger Abstimmung die Absicht der Beteiligten versteht, über geplante und durchzuführende Maßnahmen ein Einvernehmen zu erzielen, dann ist dies bereits ein erster Schritt für eine gemeinsame grenzüberschreitende Raumplanung.

Grenzüberschreitende Entwicklungskonzepte der Raumordnung müssen ausgehen von einer umfassenden grenzüberschreitenden Information und Konsultation über alle Pläne und Programme auf beiden Seiten der Grenze. Über die Planungen und Maßnahmen, die Auswirkungen auf die Nachbarstaaten haben, ist sodann eine Abstimmung herbeizuführen, die mittel- und langfristig zu einer gemeinsamen Planung führen kann. Dies setzt allerdings, wie dies die "Deutsch-Niederländische Raumordnungskommission - Unterkommission Süd" kürzlich erarbeitet hat, eine Vielzahl von bestimmten Handlungsweisen voraus, die insbesondere die Erstellung eines Kataloges von Raumordnungsproblemen an der Grenze und die Entwicklung von gemeinsamen Zielen und Maßnahmen für den Grenzraum vorsieht. Der Deutsch-Niederländischen Raumordnungskommission soll in diesem Planungsprozeß die Empfehlung für die Aufstellung gemeinsamer, grenzüberschreitender Ziele und deren Verwirklichungskontrolle obliegen. Die Umsetzung der Ziele in Maßnahmen und Programme liegt bei den nationalen, regionalen und kommunalen Behörden im Grenzbereich.

Wie können und sollten konkrete Ziele und Maßnahmen für die Regionalentwicklung in Grenzregionen erarbeitet werden?

Hier hat die Erfahrung im deutsch-niederländischen Grenzbereich, in fünf Grenzregionen vom Ems - Dollart - Gebiet bis nach Aachen/Maastricht/Lüttich gelehrt, daß diese Aufgabe am besten mit Hilfe "Grenzüberschreitender Aktions- oder Entwicklungsprogramme" gelöst werden kann, die nach dem von der EG vorgegebenen Schema durchgeführt werden, so etwa:

- Erarbeitung einer sozio-ökonomischen Analyse für das Grenzgebiet mit einer Stärken- und Schwächen-Aussage für den Raum beiderseits der Grenze z.B. für die Bereiche Wirtschaft, Infrastruktur, grenzüberschreitende Beziehungen, Standortfaktoren;

- Aufstellung gemeinsamer Entwicklungsziele für die Grenzregionen und ihre Teile;

- Darstellung der bisherigen und erforderlichen Entwicklungsaktivitäten und Maßnahmen entsprechend der vorgegebenen Ziele;

- Durchführung des Programms mit Prioritäten für die Maßnahmen und die Darstellung der Zuständigkeiten der verantwortlichen Behörden;

- Darlegung des Kostenrahmens und der Finanzierungsmöglichkeiten.

Wichtig ist bei der Aufstellung der Ziele und Maßnahmen für die Entwicklung der grenzüberschreitenden Region, daß alle gesellschaftlichen Gruppen der Bevölkerung am Planungs- und Entwicklungsprozeß beteiligt werden. Dies gilt sowohl für die Zielfindungs- als auch für die Maßnahmenfindungsphasen. Generell sollten Ziele und Maßnahmen für folgende Bereiche aufgestellt werden:

- Verbesserung der regionalen Produktionsstruktur (Sektorpolitiken);

- Verbesserung der regionalen Produktionsumwelt (Infrastruktur etc.);

- Verbesserung der regionalen Organisationsfähigkeit (Zusammenarbeit von Wissenschaft, Wirtschaft, Staat und Gemeinden);

- Hilfen zur Bewältigung von Alltagsproblemen an der Grenze (z.B. Pendlerprobleme);

- Stärkung der Zweisprachigkeit und der kulturellen Verbindungen.

Noch keine ausreichenden Erfahrungen liegen hinsichtlich der Umsetzung und der Vollzugskontrolle der Programme vor. Die Umsetzung der Ziele und Maßnahmen in konkrete Handlungsabläufe bereitet in allen Grenzregionen an der deutsch-niederländischen Grenze zunächst noch große Schwierigkeiten - die Finanzhilfen der EG erfolgen schleppend. Von besonderer Bedeutung für die Regionen aber ist es, daß sie auf dem Hintergrund der Analyse und des Zielfindungs- und Maßnahmenidentifikationsprozesses ihre eigenen Probleme selbst besser als bisher kennen und zur Bewältigung der Probleme endogenes Entwicklungspotential heranziehen können. Ganz entscheidend für die Durchsetzung derartiger grenzüberschreitender Regionalprogramme ist allerdings die Frage, wie die Trägerschaft für die Durchsetzung dieser Entwicklungspolitik geordnet und organisiert ist. Beispielhaft ist m.E. hier die Organisation in der EUREGIO.

Multinationale grenzüberschreitende Entwicklungspolitik in europäischen Großregionen?

An den Grenzen in Europa wurde grenzübergreifende Politik von den Staaten, Regionen und Gemeinden zunächst in kleineren Regionen oder auf kommunaler Ebene betrieben. Alsbald nach dem Kriege stellte sich aber die Notwendigkeit einer multinationalen Zusammenarbeit in europäischen Großregionen heraus.

Das bekannteste Beispiel für eine derartige Politik ist die des nordischen Rates, der neben spezifischer grenzregionaler Politik eine Zusammenarbeit auf allen Politikbereichen vorantreibt und diese der demokratischen Kontrolle unterwirft. Von besonderer Bedeutung sind auch inwischen die multiregionalen Zusammenarbeitsformen in den Alpenregionen, von denen die ARGE-ALP die bekannteste ist. In ihr wirken bundesrepublikanische, österreichische, schweizerische und italienische Regionen zur Bewältigung von Alpenproblemen zusammen. Auch hier werden von der politischen Spitze der Region die auf Verwaltungsebene vorbehandelten Ziele und Maßnahmen für die betroffenen Regionen aufgestellt, geplant und durchgesetzt. Ähnliche Vereinigungen bilden sich zur Zeit im Pyrenäenraum und am Ober- und Hochrhein mit Ausstrahlungen bis in die Mittelmeer-Region.

Lediglich im hochverdichteten Raum von Nordwesteuropa ist es bisher - wenn man von den schwachen Initiativen der "Konferenz für Regionalentwicklung in Nordwesteuropa", die eine gute Keimzelle sein könnte, einmal absieht, noch zu keiner multiregionalen Zusammenarbeit zwischen den Regierungen und Parlamenten gekommen. Die vorhandenen bilateralen Raumordnungskommissionen können die erforderlichen Aufgaben, wie etwa Verkehrs- und Umweltfragen, nicht in ausreichendem Maße lösen. Hierzu bedarf es eines neuen Abkommens zwischen den Regierungen und Regionen von Südostengland, Nordfrankreich, Belgien, Luxemburg, Niederlande, Niedersachsen, Nordrhein-Westfalen und Rheinland-Pfalz. Eine abgestimmte Regierungspolitik sollte auch in Nordwesteuropa die Koordination von Raumordnungszielen und über diese die der Ziele und Maßnahmen der Fachpolitiken anstreben. Eine derartige multiregionale grenzüberschreitende Entwicklungspolitik in Nordwesteuropa - möglichst unter parlamentarischer Kontrolle - würde auch der lokalen und regionalen grenzübergreifenden Zusammenarbeit in dieser Großregion "Nordwesteuropa" neue Entwicklungsimpulse geben.

JENS GABBE

Diskussionsbericht

Herr Vorsitzender, meine Damen und meine Herren,

in der Arbeitsgruppe der "peripheren Grenzgebiete" wurde konzentriert gearbeitet. Der Vorsitzende eröffnete die Diskussion mit einem Bericht über neue Initiativen zur Verbesserung der staatlichen, grenzüberschreitenden Zusammenarbeit im deutsch-niederländischen Grenzraum. Diese Frage läßt sich konzentrieren auf das Thema: "Wie setzen die deutsch-niederländischen Raumordnungskommissionen die Empfehlungen der europäischen Raumordnungsministerkonferenz letztlich praktisch um?" Dazu gab es konkrete Berichte. Herr Wijnja von der Ems-Dollart-Region erklärte einiges über den hiesigen deutsch-niederländischen Grenzraum, seine wirtschaftliche Entwicklung, die kulturelle Zusammenarbeit, das Aktionsprogramm, die alltäglichen Grenzprobleme. Zusammenfassend kann man sagen: eine Grenzregion, eine grenzübergreifende Region als Drehscheibe für die Bevölkerung und die Wirtschaft. Fünfzig Gemeinden arbeiten bei Ems-Dollart mit positiver Tendenz zusammen. An der Basis zeigt sich ein wachsendes Interesse. Herr Wijnja schilderte allerdings auch Schwierigkeiten bei der Umsetzung von Maßnahmen und die dabei auftretenden Kompetenzkonflikte.

Herr de Boer veranschaulichte eindrucksvoll durch Dias die Verkehrsverflechtungen im nördlichen deutsch-niederländischen Raum. Als Beispiel nannte er den Abbau der Infrastruktur: Busse halten beiderseits der Grenze, die Fahrgäste müssen dann über die Grenze laufen, weil der Bus nicht durchfährt. Er sprach sein Bedauern darüber aus, daß es keine grenzübergreifenden Konzepte gebe. Dennoch vermochte er anhand von praktischen Maßnahmen Beispiele für Verknüpfungen und die Nutzung von bestehenden Verkehrsinfrastrukturen jenseits der Grenze zu zeigen. Als typisches Beispiel dafür gilt die Emslandlinie, die auch von den Niederlanden als Nord-Süd-Erschließung ihres Grenzraumes angesehen wird.

Im Plenum hat Herr von Malchus fünf Punkte aufgezeigt. Daran orientierte sich der Arbeitskreis. Dabei hat der Arbeitskreis ein Schlagwort von Alfred Mozer zitiert: "Grenzen sind Narben der Geschichte." Aber das Zitat war nicht vollständig. Es lautet nämlich: "Grenzen sind Narben der Geschichte, man sollte sie nicht vergessen, aber darf sie auch nicht kultivieren." Nicht "kultivieren" heißt letztlich: Man muß etwas dafür tun, diese Grenzen zu überwinden.

Ich komme zur Frage 1 dieser fünf Punkte von Herrn von Malchus: "Grenzräume innerhalb der EG?" Einheitliche Auffassung war, daß es sich nicht um Grenzräume handelt, sondern um grenzübergreifende Räume und Regionen. Außerdem darf man sich nicht auf den Raum der EG beschränken. Grenzüberschreitende Beziehungen gibt es auch an den Außengrenzen der EG zu den Drittländern und vielleicht in Zukunft auch zu den osteuropäischen Staaten.

Anschließend wurde der Begriff "Typen von Grenzgebieten" diskutiert. Entgegen den Erwartungen, daß dies sehr kontrovers sein könnte, war man sich einig, Entwicklungspläne für konkrete Räume zu schaffen, die funktionell verflochten sind. Es gab allerdings auch den Hinweis: "Eigentlich sind Grenzgebiete ein eigener Typus Region." Es sei Aufgabe der

Wissenschaft herauszufinden, wo grenzüberschreitende Verflechtungen in konkreten räumlichen Gebieten möglich sind. Es kann sein, daß 1992 neue Perspektiven für die Grenzgebiete und grenzüberschreitenden Regionen aufzeigt, die irgendwann in Raumordnungskonzepten und grenzüberschreitenden Aktionsprogrammen münden.

Frage 2 lautete: "Gibt es spezielle Entwicklungskonzepte für grenzübergreifende Regionen?" Herr von Malchus nannte die Probleme, die dabei auftauchen müssen: Recht, Verwaltung, Politik, Verkehrsfragen, Umwelt, Wirtschaft, Finanzen, Kultur usw. Einheitliche Meinung war, daß es sicherlich spezielle Konzepte geben muß und die praktische Umsetzung eigentlich nur im Gegenstromprinzip erfolgen kann. Dort, wo sich Verwaltungen an der Grenze stoßen, wo Verwaltungsebenen nicht übereinstimmen und wo die grenzüberschreitende Zusammenarbeit unterschiedlich angegangen wird (auf kommunaler, regionaler oder staatlicher Ebene), muß es in Zukunft irgendwie eine Verzahnung geben. Unwidersprochen blieb auch, daß grenzüberschreitende Zusammenarbeit oft einem Kompetenzgerangel unterliegt.

Damit wurde zu Frage 3 übergeleitet: "Regionale Entwicklungsperspektiven der Raumordnung für grenzübergreifende Gebiete?" Die Beantwortung dieser Frage hängt sehr wesentlich von den Voraussetzungen ab, die regional jeweils gegeben sind. Sicherlich kann man die rechtlichen Grundlagen verbessern, aber das dauert noch einige Zeit. Viel wichtiger erscheint, kurzfristig Fortschritte zu erzielen, mittelfristig etwas anzustreben und vielleicht langfristig rechtliche Grundlagen zu verwirklichen. Kurzfristig bedeutet dies Abstimmung, wobei sich die Frage stellt: Wie weit geht Abstimmung? Das Mindestmaß sollte die Beseitigung von Widersprüchen sein. Auch eine materielle Abstimmung ist wichtig, und zwar bei den Begriffen, in den Statistiken usw; sonst kommt man bei Planungskonzepten nicht weiter. Alles dies ist sicherlich kurzfristig wünschenswert und realistisch. Mittelfristig kann man Struktur- und Raumordnungsskizzen anstreben. Man war sich darüber einig, daß dies immer dort passieren sollte, wo es Teilprobleme gibt, beispielsweise im verkehrlichen Bereich (Raum Basel mit seinem Verkehrskonzept), bei gemeinsamen Kläranlagen zweier Gemeinden oder bei der Ausweisung grenzüberschreitender Umweltschutzgebiete. In diesen Fällen sind sicherlich konkretere Pläne nötig, die über eine reine Abstimmung hinausgehen.

Das langfristige Ziel könnte lauten: grenzüberschreitende Raumordnungspläne mit Verbindlichkeit.

Die vierte Frage lautete: "Ziele und Maßnahmen für die Regionalentwicklung in grenzüberschreitenden Gebieten, soll man sie erarbeiten, ja oder nein?" Als geeignetes Instrument für Maßnahmen - das klang eben in den anderen Arbeitskreisen schon an - werden die Aktionsprogramme angesehen. Es kam zum Ausdruck, daß Grenzgebiete ein elementares Interesse an grenzüberschreitender Raumordnung haben. Denn an der Grenze treten Probleme auf, wenn die Pläne nicht abgestimmt sind. Als Beispiel für Aktionsprogramme und deren Aussagen wurde das Programm der EUREGIO erwähnt. Wichtig bei diesem grenzüberschreitenden Aktionsprogramm ist, daß alle Instanzen in der Region beteiligt wurden, und zwar nicht nur bei der Erarbeitung, sondern hinterher auch bei der Umsetzung. Dadurch findet eine Verzahnung der staatlichen mit den regionalen Stellen statt. Außerdem wurde in der EUREGIO nicht nur auf Raumordnung und wirtschaftliche Entwicklung eingegangen, sondern auch auf die anderen Bereiche, die der grenzüberschreitenden Integration dienen. Dazu zählen z.B. Hilfen bei alltäglichen Grenzproblemen, Stärkung der Zweisprachigkeit und nicht nur die Produktionsumwelt, Produktionsstruktur u.ä., denn sonst kann sich eine Region nicht insgesamt weiterentwickeln.

Es tauchten die Fragen auf: "Wie kommt man eigentlich bei einem solchen Aktionsprogramm dazu, Ziele zu entwickeln? Wer gibt die Kompetenz dazu? Welche Maßnahmen gibt es, und wie setzt man sie um?" Die Ziele ergeben sich zusammengefaßt aus der Tatsache, daß es eine Staatsgrenze gibt, die überwunden werden soll. Die EUREGIO will zu einer kleinen europäischen Region in allen Bereichen des menschlichen Zusammenlebens - Wohnen, Arbeiten, Bildung und Kultur - werden. Dadurch ergeben sich sehr schnell grenzüberschreitende Ziele, die auch angestrebt werden. Die Maßnahmen müssen auf jede Region zugeschnitten und damit auch verschieden sein. Wichtig bleibt, daß man sich mit diesem Aktionsprogramm auch einer Erfolgskontrolle stellt. Natürlich wird auch der Versuch unternommen, Mittel von der EG zu erhalten. Der Haushalt der EG ist aber nur etwas größer als der von Nordrhein-Westfalen. Damit dürfte es schwerfallen, alle Probleme in Europa zu lösen.

Damit kommen wir zur Frage 5: "Wie soll grenzüberschreitende Entwicklungspolitik in europäischen Grenzregionen betrachtet werden?" Herr von Malchus schilderte die Situation in Skandinavien. Unser Arbeitskreis besprach die Beispiele aus den Alpenländern und den Pyrenäen. Herr von Malchus beklagte daß in Nordwesteuropa alles etwas zu kleinräumig gesehen werde. Diese These fand auch Zustimmung. Allerdings betonte der Arbeitskreis auch, daß es nicht um die Alternative "kleinräumig oder großräumig" gehe. Eigentlich bestimmen die Probleme den Maßstab, mit dem man an eine Sache herangeht.

Und die letzte Frage, mit der unser Arbeitskreis das Plenum noch beschäftigen muß, lautet: "Ist es günstiger, Raumordnungskommissionen oder Regierungskommissionen zu bilden?" Die Tendenz war aufgrund einer Empfehlung aus Baden-Württemberg einmütig: Regierungskommissionen! Die Umsetzung der verschiedenen Themenbereiche, die sich aus den raumordnerischen Entwicklungen ergeben, erscheint dann besser garantiert. Aber die Federführung muß bei der Raumordnung belassen werden.

Ich komme wieder zurück zum Ausgangspunkt: "Grenzen sind Narben der Geschichte, man soll sie nicht vergessen, aber man soll sie auch nicht kultivieren." In der Diskussion wurde mehrmals deutlich betont, man müsse mit seinen Darstellungen auf dem Teppich bleiben! Das ist richtig. Aber für die grenzüberschreitende Zusammenarbeit gilt ein Wort wie eigentlich sonst nirgendwo: "Die Utopien von gestern sind die Ideale von heute und die Wirklichkeit von morgen!" Das wird man in der grenzüberschreitenden Zusammenarbeit immer wieder feststellen. Vielleicht haben einige konkrete Beispiele der grenzüberschreitenden Zusammenarbeit deutlich gemacht, daß Utopie und Ideale schrittweise auch Wirklichkeit werden können.

WERNER BUCHNER

Schlußwort

Meine Damen und Herren,

eine differenzierte Tagung initiiert ein differenziertes Schlußwort, und deswegen muß ich Ihre Geduld doch noch ein bißchen in Anspruch nehmen, bevor Sie aus dieser Tagung endgültig entlassen werden. Ich habe es sehr gerne übernommen, dieses Schlußwort zu sprechen, aus meiner Tätigkeit als derzeitiger Vizepräsident der Akademie heraus, aber auch aus der Sicht des Gastes aus dem Süden der Bundesrepublik.

Als Vizepräsident der Akademie darf ich all denen, die mitgeholfen haben, die Tagung zu gestalten und mit Leben zu erfüllen, den Dank abstatten, und ich darf den Versuch machen, eine Gesamtschau anzustellen und einen Ausblick auf unsere künftige Tätigkeit zu geben. Diese Tagung war sicherlich eine Zäsur für uns in der Akademie, eine Zäsur, die unterscheidet zwischen dem, was wir bisher in diesen Teilbereichen geforscht und getan haben, und dem, was wir uns für die Zukunft vornehmen wollen.

Als Gast aus dem Süden der Bundesrepublik darf ich Ihnen sagen, daß ich dankbar dafür bin, einmal selbst hier vor Ort Impressionen sammeln und unmittelbar Erkenntnisse gewinnen zu können. Es ist nicht so, daß die Verhältnisse im Süden der Bundesrepublik frei wären von Problemen, vergleichbar mit jenen, wie sie hier in diesem Teilraum erörtert worden sind. Wir haben 800 km Zonenrandgebiet mit all den Problemen, die daraus entstanden sind, daß sich die Verkehrsströme und überhaupt die sozio-ökonomischen Verflechtungen nach Kriegsschluß umgekehrt haben. Wir haben auch innerhalb Bayerns z.B. durchaus eine Art Nord-Süd-Tendenz, und wir haben, was oft nicht beachtet wird, das Problem teilweise unterschiedlicher Entwicklungen in westlichen und östlichen Landesteilen. Auch alles das, was im Zusammenhang mit der bundesrepublikanischen Nord-Süd-Wanderung gesagt wird, berührt uns im Süden nicht nur positiv. Die Nord-Süd-Wanderung springt leider über die Räume hinweg, die Entwicklungsimpulse vertragen können, und dringt hinein in Räume mit übermäßigen Verdichtungstendenzen, die dadurch zu Problemräumen werden können. Wir haben einen ungeheuren Druck auf den Gebieten um München und im Alpenvorland. Wir meinen auch, daß es durchaus zu denken gibt, wenn wir heute sehen müssen, daß wir im Süden auch gewisse monostrukturelle Entwicklungen vor uns haben, etwa im Zusammenhang mit Entwicklung und Anwendung der Elektronik, und wir müssen vorsorgen, daß wir in 20 bis 30 Jahren nicht eine ähnliche Problematik bekommen, wie Sie sie hier oben haben mit Ihren altindustrialisierten Gebieten. Deshalb sollten die kurzfristigen, die mittelfristigen und die langfristigen Betrachtungen bundesweit zu einer Gesamtschau zusammenfließen. Wir sollten von dieser Tagung die Aussage mit nach Hause nehmen, daß der Ruf nach "Vielfalt in der Einheit" der Bundesrepublik auch umgekehrt gehört werden muß, daß nämlich auch "Einheit in der Vielfalt" erhalten bleiben muß.

Mein Dank gilt allen Beteiligten, insbesondere den Leitern der Arbeitsgruppen, den Referenten, den Berichterstattern. Ich darf vor den Mitgliedern der Akademie noch einmal betonen: Die Akademie lebt vom Engagement des einzelnen, das überwiegend um Gottes Lohn erbracht wird.

Wir müssen deswegen jedem unserer Mitglieder dankbar sein, das die Arbeit vor und auf solchen Tagungen zu leisten bereit ist. Unser herzlicher Dank gilt natürlich auch den übrigen Teilnehmern und Gästen. Unsere Akademie ist kein interner Zirkel, sie sucht die Begegnung und die Partnerschaft nach außen. Wir haben es uns zum Ziel gesetzt, daß wir die Begegnung von Wissenschaft und Praxis bewerkstelligen, die Begegnung von Verantwortlichen für den Raum verschiedenster Teilgebiete in unserer Bundesrepublik, auch die Begegnung zwischen den Verantwortlichen der Kommunen, der Länder, des Bundes. Und wir sollten heute auch aus dieser Tagung mitnehmen, daß wir künftig die Begegnung mit der vierten Ebene, mit Europa, stärker einbeziehen müssen.

Besonderer Dank gilt natürlich unseren Gastgebern hier in Papenburg. Es ist gesagt worden, und ich möchte es mit anderen Worten noch einmal wiederholen: Was hier uns gegenüber geleistet worden ist an Mitarbeit und Zuarbeit und an Gastfreundschaft, aber auch das, was deutlich geworden gekommen ist an innerer Einstellung, an Haltung zur Gestaltung und Erhaltung dieses Rahmens, das gibt Beispiel. Es ist ja bei den Vorträgen verschiedentlich ein gewisser Pessimismus bei der Beurteilung der Chancen des ländlichen Raumes zum Ausdruck gekommen. Wenn wir Ihre Haltung und Ihre Aufgabenerfüllung hier, Herr Stadtdirektor, richtig werten, dann meinen wir, daß den Optimisten unter uns ein Zeichen gesetzt sein könnte. In der Literatur ist einmal gesagt worden: "Die Dynamik der Ausgestaltung fließt dabei aus dem Gefühl der Identität." Was Sie uns hier gezeigt haben an Engagement, das zur Identifizierung mit dem Raum führt, das sprengt doch vielerlei Grenzen, und dazu gratulieren wir Ihnen.

Wir haben uns ein sehr vielschichtiges und schwieriges Thema für diese Tagung gewählt, vielschichtig deswegen, weil es sich um drei wesentliche Teilthemen handelt, die sehr ineinander verwoben sind. Wir wollten uns auseinandersetzen mit dem Begriff der Region, mit der Regionalplanung, mit dem Regionalismus und müssen dabei immer wieder bedenken, daß es sich hier eben um die Aufgabenstellung, bezogen auf Teilräume, handelt. Wir haben uns vorgenommen, uns mit einer bestimmten Raumkategorie auseinanderzusetzen, nämlich mit dem ländlichen Raum, und müssen bedenken, daß auch der ländliche Raum nur aus der Sicht der anderen Raumkategorie, nämlich der Verdichtungsräume, beurteilt werden kann. Wir haben uns vorgenommen, über die grenzüberschreitenden Probleme zu reden, und müssen dabei immer im Auge behalten, daß das natürlich nur auf der Basis der nationalen Erwägungen denkbar ist. Außerdem hatten wir uns vorgenommen, es wohl aber nicht immer ganz einhalten können, alle diese Problemstellungen spezifisch aus der Sicht der Raumordnung, Landes- und Regionalplanung zu erörtern, und wir müßten uns deswegen immer wieder dazu zwingen, das, was wir hier gehört haben, auf unser Gedankengut, auf unsere Instrumentarien, Methoden und Inhalte zurückzuführen. Die Raumordnung wird wie keine andere Aufgabenstellung gefordert sein, nie das Ganze aus dem Auge zu verlieren. Und deswegen sollten wir uns bei einer zusammenfassenden Betrachtung der Ergebnisse dieser Tagung dazu bekennen, daß natürlich nur Teilaspekte erörtert werden konnten, daß manches nur marginal angesprochen werden konnte, vieles kaleidoskopartig gekommen ist, aber daß wir doch in der Nacharbeit versuchen müssen, das zurückzuführen in unsere "Schatullen" sozusagen, mit denen wir gewohnt sind zu arbeiten. Wir müssen also auswerten und die künftige Forschungsarbeit dazu nutzen, das, was wir hier gehört haben, aufzufächern und auch Schwerpunkte daraus zu setzen.

Wenn ich ein vorläufiges Resümee aus der Tagung ziehen darf, dann wohl folgendes: Für alle drei Bereiche, den der Region, den des ländlichen Raums und den der grenzüberschreitenden

Planung, handelt es sich um klassische Fragestellungen, wo viel Vorgedachtes vorhanden ist, das es herauszuholen und zu nutzen gilt. Vieles davon ist auch hier vorgetragen worden. Aber es sind auch wichtige aktuelle Fragestellungen aufgeworfen worden mit der grundsätzlichen Feststellung, daß für die drei Themen sich Herausforderungen und Chancen die Waage halten. Wir haben es mit erheblichen Herausforderungen zu tun, sowohl für diese Räume, von denen ich gesprochen habe, als auch für den Beitrag, den die Raumordnung dazu zu leisten hat, und genauso haben wir es mit einer Fülle von wichtigen, zum Teil erregenden Chancen für diese Bereiche zu tun. Wir sollten nicht so pessimistisch sein, die Herausforderungen nicht in den Vordergrund zu stellen.

Ich beginne mit dem ländlichen Raum. Das erste, was uns Raumordnern hier angelegen sein muß, ist, daß wir von uns aus dieses Thema weiterhin besetzt halten. Ich habe aus dem ersten Vortrag schon geglaubt entnehmen zu können, daß die sektoralen Politiken die raumbezogenen Fragen dieser Zeit nicht werden lösen können. Ich will nicht so weit gehen zu sagen, daß die sektoralen Politiken bisher versagt haben, aber sie haben, was die Raumwirksamkeit ihres Handelns anlangt, sicher manches nicht genügend bedacht. Das gilt sowohl für die regionale Strukturpolitik wie auch für die Landwirtschaftspolitik. Es ist am ersten Tag gestern gesagt worden: "Die regionale Strukturpolitik müßte nicht nur überdacht, sondern sie müßte auch neu orientiert werden." Ich will eins draufsetzen und sagen: Die regionale Strukturpolitik müßte aus dem sektoralen herausgeholt und in den überfachlichen Bezug hineingestellt werden. Was die Landwirtschaftspolitik betrifft, so darf ich sagen: Sie hat über Jahre und Jahrzehnte den Agrarraum mit dem ländlichen Raum, den Produktionsraum mit dem Lebensraum verwechselt. Der ländliche Raum ist ein sozioökonomisches und soziokulturelles Gebilde mit all seinen Zusammengehörigkeiten und Abhängigkeiten. Deswegen meine ich, ist es an der Zeit, daß wir von der Raumordnung her dieses Thema wieder neu besetzen, daß wir uns bemühen, Gesamtschau herzustellen, auch wenn das noch so anspruchsvoll, noch so schwierig ist, und wir sollten uns nicht dadurch irritieren lassen, daß es wegen der hohen intellektuellen Ansprüche, die diese Aufgabe stellt, leider da und dort nicht möglich ist, alles ohne weiteres in die Tagespolitik umzusetzen.

Es ist allerdings dabei unsere Aufgabe, unseren Planungsbegriff und unsere Planungsmethoden zu überdenken. Herr Hoppenstedt hat zu Recht auf das Tempo hingewiesen, mit dem heute Entwicklungen ablaufen. Wenn wir dazu vergleichen, wie lange wir brauchen, um raumordnerische Zielvorstellungen zu entwickeln in schwierigen, partizipatorisch ausgestalteten Aufstellungs- und Genehmigungsverfahren, dann können wir ermessen, daß man mit einer solchen Handhabung unseres Instrumentariums nicht mehr weiterkommen wird, daß wir also unsere Methoden sicherlich werden ändern müssen. Wir werden Planung, wie gesagt worden ist, und das unterstreiche ich sehr, nicht nur und nicht so sehr normativ begreifen dürfen, wie das bisher geschehen ist. Was wir gestalten müssen und was wir zum Tragen bringen müssen, das ist ein echtes Raumbewußtsein. Die ganze Welt redet heute vom Umweltbewußtsein, einem Begriff, der Fuß gefaßt hat und mit dem gearbeitet wird. Aber daß es über dem Begriff des Umweltbewußtseins den Oberbegriff des Raumbewußtseins gibt, das immer wieder vor Augen zu führen ist unsere Aufgabe. Hier geht es um Bewußtseinsbildung, die mit Normsetzung und mit normativer Raumplanung gar nichts zu tun hat. Wir müssen allen Beteiligten gegenüber deutlich machen, welche Belastungen auf einem Raum liegen, welche Nutzungskonflikte vorhanden sind, damit dann die Teilpolitiken ihre Entscheidungen treffen können. Wir müssen von uns aus Impulse geben, vielleicht im Rahmen des, wenn auch schon etwas veralteten, Begriffs der "helfenden Planung". Die Ressource Raum wird immer kostspieliger, und es muß eine Instanz geben, die beurteilen kann, wie man damit umzugehen hat. Es ist mehrfach in den Vorträgen zum Ausdruck gekommen, daß es nicht nur darum geht, raumordnerische Vorstellungen zu entwickeln, sondern daß es auch dafür zu sorgen gilt, daß die Vorstellungen auch verwirklicht werden, daß sie umgesetzt werden. Ich möchte dazu gern ein Beispiel aus meiner Heimat heranziehen, weil es vielleicht plastisch darlegt, was ich meine. Bei uns gibt es eine sehr kräftige Achse im Süden des Landes, dergestalt, daß der große Verdichtungsraum München und der große Verdichtungsraum Augsburg gemeinsam große Anziehungskraft haben. Im nordbayerischen Raum haben wir den großen Verdichtungsraum Nürnberg/Fürth/Erlangen mit all den Problemen, die mit dem großen Umfeld dieses Raumes zusammenhängen. Wir haben uns entschlossen, ein Oberzentrum zusätzlich besonders zu entwickeln, das dazu beiträgt, auch eine Achse zu bilden, das Oberzentrum Regensburg mit seinem Verdichtungsraum. Die Raumordnung kann für sich in Anspruch nehmen, daß sie mit anderen Teilpolitiken zusammen immer wieder aus der Gesamtschau heraus alles getan hat, um aus diesem Oberzentrum einen Bereich zu machen, der uns große Teile des strukturschwachen Raumes von der Zonengrenze bis zur Donau stützen und abfangen hilft. Deshalb ist alles getan worden, um etwa die Rhein-Main-Donau-Problematik zu Ende zu führen, um Siemens mit neuen Technologien und umfangreichen Produktionen anzusiedeln und um BMW mit einer großen modernen Fertigungsstätte für diesen Raum zu gewinnen und davon abzubringen, in einen anderen Raum zu gehen, wo es vielleicht zunächst für das Unternehmen attraktiver gewesen wäre. Gleichzeitig wird kräftig daran gearbeitet, die neue Universität auszubauen, damit sie entsprechend attraktiv wird. Die Raumordnung muß penetrant sein; sie muß lernen, nachdrücklich alles das immer wieder zu fordern, was sie als richtig erkannt hat. So wird sich auch manches für den ländlichen Raum erreichen lassen, und zwar in neuerer Form und in anderer Form als bloß mit normativen Zielsetzungen, die oft zu spät kommen.

Der ländliche Raum ist gerade heute, das wissen wir alle, großen Herausforderungen ausgesetzt. Das gilt in vielerlei Hinsicht. Natürlich werden wir nicht wegdiskutieren können, daß das Entwicklungspotential insgesamt stagniert oder zurückgeht. Das gilt für das Bevölkerungspotential, wenn wir einmal von Teilen Bayerns und Baden-Württembergs absehen, wo ja deutliche Wanderungsgewinne zu verzeichnen sind; das gilt aber auch für das Wirtschaftspotential, das nicht mehr die Wachstumsraten früherer Jahre zuwege bringt. Die dadurch verstärkten Verteilungskämpfe werden noch dadurch charakterisiert, daß sie anders gestaltet sind als bisher. Wenn der ländliche Raum bisher im Verteilungskampf mit einigen Verdichtungsräumen gestanden hat, steht er jetzt innerhalb der Bundesrepublik im Verteilungskampf mit wesentlich weniger gut strukturierten Räumen unserer Partner der europäischen Gemeinschaft. Der ländliche Raum wird es also mit neuen und zusätzlichen Herausforderungen zu tun haben. Aber ich folge denen, die auf dieser Tagung immer wieder gesagt haben: "Wir wollen gleichwohl nicht die Flinte ins Korn werfen." Der ländliche Raum hat neben diesen Herausforderungen, die er bestehen muß, auch enorme neuartige Chancen.

Wir sehen doch allenthalben, daß sich die Einstellung der Bevölkerung zum Begriff der Lebensqualität deutlich gewandelt hat und noch dabei ist, sich zu wandeln. So etwas Altmodisches wie der Heimatbegriff kommt doch wieder hoch, Heimat verstanden in einer Art und Weise, wie sie unseren raumordnerischen Vorstellungen durchaus entspricht. Der Mensch hat gelernt, die einzelnen Komponenten, aus denen der Begriff der Lebensqualität besteht, anders zu gewichten. Das Wohnumfeld, der Freizeitwert, die Umweltqualität: alles das hat in der Gesamtbeurteilung der Lebensqualität heute einen wesentlich höheren Stellenwert als früher, und deswegen meinen wir, daß hier etwas im Aufbruch ist. Dazu kommt eine Mentalitätsänderung bis hin zum kleinräumigen, zum überschaubaren Lebensraum. Allerdings gibt es das Problem, daß man zwar in der Bevölkerung die Kleinräumigkeit des Wohn- und Siedlungswesens bejaht, daß man aber keineswegs anerkennen will, daß wir gleichwohl darauf angewiesen sind, im Versorgungs- und Entsorgungswesen großräumige Einzugsbereiche weiterhin anzuerkennen, um moderne wirtschaftliche und umweltfreundliche Technologien einsetzen zu können. Insgesamt ist aber der Mentalitätswandel dazu angetan, daß wir hier Hoffnung schöpfen können. Das sieht nicht nur die Bevölkerung, sondern auch die Wirtschaft. Es ist kein leeres Sprichwort mehr, wenn man heute sagt, daß die Landschaft ein Kapital ist, das Führungskräfte in ihre Standortentscheidungen einbeziehen. Es ist auch kein Geheimnis mehr, daß die Produktionsbedingungen heute wesentlich abhängig sind von dem Zustand der natürlichen Lebensgrundlagen des Bodens, des Wassers, der Luft und der Landschaft, und Herr Hoppenstedt hat ja gesagt, wie wichtig heute gerade auch weiche Standortfaktoren geworden sind. Etwas anderes ist zwar mit Fragezeichen versehen worden, weil es wohl nur in die Zukunft wirkt und im Augenblick noch nicht so effektiv ist: die künftigen Kommunikations- und Informationssysteme, die die Standortnachteile werden überwinden helfen. Man spricht sehr plastisch davon, daß diese Systeme die ''Straßen der Zukunft'' sind. Und da müssen wir jetzt Vorsorge treffen, daß diese Straßen der Zukunft gebaut werden und daß man nicht erst wieder zu lamentieren anfängt, wenn alles zu spät ist. Man hat lange immer wieder vom Rückzug aus der Fläche geredet, anstatt daß man sich zum Vorhalteprinzip und zum Erschließungsprinzip bekannt hätte, auch wenn es zunächst teuer ist. Bezüglich der neuen Technologien beginnen wir, denselben Fehler zu machen.

Ein Weiteres: Wir stolpern zunehmend hinein in eine Freizeitgesellschaft ganz neuer Dimension. Wenn Sie die Tarifabschlüsse der letzten Zeit ansehen, dann werden Sie das merken können. Diese Freizeitgesellschaft, die auch eine Dienstleistungsgesellschaft sein wird, wird sich gerade nicht nur und nicht so sehr in den Verdichtungsräumen abspielen.

Und ein Letztes: Wenn wir insgesamt die Situation der Bundesrepublik und die Position der Industriestaaten im Verhältnis zur gesamten Welt betrachten, dann müssen wir zu der Erkenntnis kommen, daß es zu gewaltigen Verlagerungen kommen wird, Verlagerungen von Produktionen hinaus in Räume, wo noch Raumressourcen und natürliche Ressourcen vorhanden sind, und auch Verlagerungen von gewissen Dienstleistungen. In der Bundesrepublik werden wir uns mehr und mehr auf solche Produktionsformen und Produkte im industriellen, aber vielleicht auch im agrarischen Bereich spezialisieren müssen, bei denen es um den Einsatz hochentwickelter Herstellungs- und Veredelungsverfahren geht. Wir werden den ''Rohstoff-Geist'' entwickeln und exportieren, und der ist nicht spezifisch an Standortfaktoren der Verdichtungsräume gebunden. Das setzt aber ein sehr hohes Bildungsniveau voraus. Wir brauchen also eine hochentwickelte Bildungsgesellschaft in allen Teilräumen der Bundesrepublik, um für die Zukunft gerüstet zu sein. Ich bin erschrocken, als vorher in der Berichterstattung gesagt worden ist, wir müßten auch an den Rückbau von öffentlicher und privater Infrastruktur denken. Der Raumordner hat bisher immer gut daran getan, nicht dem Bedarfsnutzungsprinzip zu huldigen, sondern dem Erschließungsprinzip, auch wenn das viel Geld kostet. Neben der Raumordnungspolitik gibt es eine einzige ebenfalls überfachliche Politik, die Finanzpolitik. Wenn nun die Tragfähigkeit eines Teilraums nicht mehr aus sich heraus gewährleistet ist, dann muß sie durch gewisse Stützen geschaffen werden. Dazu bedarf es einer stark verfeinerten Finanzpolitik dergestalt, daß Steuerverteilung und Finanzausgleich stärker als bisher raumwirksam ausgestaltet werden.

Das zum ländlichen Raum; ich würde sagen, wir sollten nicht an seinem Image rütteln, sondern den Hoffnungshorizont öffnen und die Lösung der Probleme anpacken.

Ein Wort noch zur Region: Regionen sind als "Inseln der Hoffnung" bezeichnet worden. Auch hier brauchen wir ein eigenständiges Empfinden für den Raum, ein sog. Regionsbewußtsein. Auch dazu muß die Raumordnung einen Beitrag leisten. Man sagt in der Literatur, der Nationalstaat habe seine Heiligkeit und Unantastbarkeit verloren. Das brauchen wir staatsrechtlich und politisch nicht zu untersuchen, aber raumplanerisch gibt dieser Satz sicherlich Ansatzpunkte. Der Gedanke von "unsatisfied nationalism" induziert geradezu ein spezifisches Regionsbewußtsein. In unserer Gesellschaft gilt im hohen Maße das Bekenntnis zur Pluralität, zum Pluralismus. Der Pluralismus ist sogar die moderne Form der Gewalteinteilung. Aber was für den Pluralismus in der Gesellschaft gilt, das gilt auch für den Pluralismus im Raum, und deswegen sollten wir immer wieder verkünden: Wir brauchen in unserer Zeit Raumpluralität! Allerdings darf das nicht mit Partikularismus, Separatismus und regionalem Egoismus verwechselt werden. Wenn wir uns zur Raumpluralität bekennen, dann müssen wir fordern, daß jeder Teilraum und jede Region sich auch als Teil des Ganzen empfinden, das Ganze im Auge behält und auch Rücksicht nimmt auf die Nachbarregion. Das Wort von Herrn von Rohr von dem Kantönli-Geist aber müssen wir richtig interpretieren. Wir müssen die Verantwortlichen der Teilräume dazu bringen, daß sie sich dazu bekehren, jeweils das Bild ihrer Region selbst zu gestalten. Wer soll denn etwas entwerfen, das von innen heraus etwas bringt und das nach außen auch Anklang findet, wenn nicht die Region selbst. Wenn das Bild der Region attraktiv ist, dann kommt zum endogenen Potential auch sicherlich ein Potential von außen dazu. Max Weber hat einmal gesagt: "Nicht herrschaftliche Berechnung sei gefordert." Wenn wir dementsprechend nicht dem Dekret und der Berechnung das Wort reden, sondern dem Konsens, dann brauchen wir natürlich auch richtige Teilhabeformen. "Land und Leute", das ist so ein altmodischer Begriff, der heute wieder hochkommt, und ich darf einen Gedanken anschließen: Es gibt in der Literatur Stimmen, die sagen, der Begriff der Region sei zu koppeln mit dem Begriff der Freiheit. Das klingt so frappierend, aber es ist etwas dran. Der Teilraum der Region ist groß genug, um die Probleme der Orts- und Sachnähe zu vermeiden, die sich oft in der Kommune stellen. Er ist aber noch kleinräumig genug, als daß er von den Regeln großräumigen staatlichen Planens und Handelns unmittelbar berührt wäre. Wenn es also den Begriff der Freiheit mit Raumbezug gibt, dann gibt es ihn sicher auf der Ebene des Teilraums - also der Region -, und wir sollten das nutzen.

Ein Wort zu den Grenzräumen; Herr von Malchus, der sich ja damit sehr auseinandergesetzt hat, hat gestern gesagt: "Hier gibt es Fragen über Fragen." Ich kann das nur unterstreichen: Fragen über Fragen. Aber auch hier würde ich den positiven Aspekt an den Schluß stellen und behaupten, daß es auch Chancen gibt. Einmal: Wir sollten die Situation nutzen, daß wir Grenzräume brauchen, die man als solche abgrenzt, ohne auf nationalstaatliche Grenzen abzustellen. Das ist doch der Vorteil, den wir in der Raumordnung schon immer gehabt haben, daß wir sozioökonomische, soziokulturelle und sozioökologische "Grenzziehungen" vornehmen können, die keine echten Grenzziehungen sind, sondern nur zeichnerische Darstellungen von Zusammengehörigkeiten. Wir sollten das, was wir staatsintern immer mit einigem Erfolg gehandhabt haben, durchaus auch auf die Verhältnisse über die Nationalstaatsgrenzen hinaus anwenden. Wir sollten uns um Planungsgrenzen bemühen, die dynamisch sind und die nichts mit den statischen, hoheitlichen Grenzen zu tun haben.

Und ein Zweites: Wir werden, und das ist sicherlich auch Aufgabe der Forschung, uns genau überlegen müssen, wie es mit dem Verhältnis zwischen den kleinräumigen und großräumigen Bezügen aussieht, inwieweit wir bilateral grenzüberschreitend tätig sein müssen und wo multilateral. Ich würde anraten, daß sich unsere Akademie mit dieser Problemstellung in nächster Zeit auseinandersetzt.

Ich habe Ihre Geduld über Gebühr in Anspruch genommen. Lassen Sie uns alle miteinander nach Hause und wieder an die Arbeit gehen. Wir Administratoren haben es in letzter Zeit vermehrt mit einer erschreckenden Parteien- und Staatsverdrossenheit zu tun, die uns die Arbeit erschwert. Wenn wir darüber nachdenken, woher das kommt, dann mag das von episodenhaften Fehlern kommen, die vor allem in der Parteipolitik gemacht worden sind und auch von einigen unserer Mitarbeiter und uns selbst in der Tagesarbeit. Aber es kommt auch daher, daß wir nicht in der Lage sind, unseren Mitmenschen die Zukunft vor Augen zu führen. Koordination und Vorausschau, das sind doch die beiden Begriffe, mit denen man Angst abbaut und Zukunftshoffnungen weckt. Wenn es überhaupt eine Aufgabenstellung gibt, die Koordination und Vorausschau betreiben kann, dann ist es die Raumordnung, entweder in bisheriger Form oder mit einigen neuen Akzenten, die wir hoffentlich mit zusätzlichem Eifer zu setzen beginnen werden.

FORSCHUNGS- UND
SITZUNGSBERICHTE 174

Städtebau und Landesplanung im Wandel
Auftrag und Verantwortung in Rückschau und Ausblick

Wissenschaftliche Plenarsitzung 1987

Aus dem Inhalt

Professor Dr. Hans Kistenmacher, Kaiserslautern
Eröffnung und Begrüßung durch den Präsidenten
der Akademie für Raumforschung und Landesplanung

Oberbürgermeister Wolfram Brück, Frankfurt
Grußwort

Dr. Hans-Jürgen von der Heide, Bonn
Aus der Sicht von Raumordnung, Landes- und Regionalplanung

Dipl.-Ing. Hans-Reiner Müller-Raemisch, Frankfurt
Aus der Sicht des Städtebaus
Die Mythen in der modernen Stadtplanung

Professor Dr. Hans Kistenmacher, Kaiserslautern
Ergenisse und Folgerungen für die Arbeit der Akademien

Bundesminister Professor Dr. Klaus Töpfer, Bonn
Der Auftrag der räumlichen Planung im Spannungsfeld
zwischen Kontinuität und Veränderung

Professor Dr. Gerd Albers, München
Schlußwort

1988, 38,- DM, Best.-Nr. 3-888 38-752-3
Auslieferung
VSB-Verlagsservice Braunschweig